U0455589

北京财经发展报告

北京财经指数

(2020~2021)

林光彬 李向军 李姗姗／著

社会科学文献出版社

SOCIAL SCIENCES ACADEMIC PRESS (CHINA)

前　言

　　《北京财经发展报告（2020～2021）》由以中央财经大学财经研究院暨北京市哲学社会科学研究基地——北京财经研究基地的研究人员为核心的团队撰写。本报告在前期研究的基础上，结合基地研究专长，推出了"财经支持指数"（简称"财经指数"）。"财经指数"由"金融支持指数"、"财政支持指数"和"经济成效指数"三部分构成，旨在综合评价涵盖增长规模、增长质量、创新水平和开放程度的北京综合经济产出成效的现状和发展趋势，以及经济产出中金融支持和财政支持的作用和贡献，综合考察"实体经济—财政—金融"三者之间的协同支持发展水平，深度分析财政和金融支持实体经济发展的水平和实体经济发展成效。

　　本年度报告的"财经指数"呈现以下三个特点。一是构建财经支持指数模型，该模型具有纵向长期趋势分析和横向可比性的特点，纵向可追溯至十八大以来财政、金融支持实体经济协同发展的成效与趋势，横向可对国内城市发展情况进行对比研究。二是立足北京，从纵向上对北京2014～2019年财政、金融支持实体经济发展的成效进行了综合评价，并对财政支持指数、金融支持指数和经济成效指数进行了深入剖析。三是选取北京、上海、深圳、广州、重庆五大同等级城市，从横向上进行对比研究，并对北京的优势进行识别。

　　本年度报告发挥了北京财经研究基地研究团队的集体力量，研究团队深度挖掘、广泛参与、集中讨论、分工合作。北京财经研究基地首席专家林光彬教授领衔报告专家团队，对财经指数项目的研究和开发给予了大力支持，北京财经研究基地专家陈灵研究员、昌忠泽研究员、童伟研究员、李军研究员、袁东教授等专家在财经指数构建宗旨、研究重点、体系设置、指标构成、权重设计等方面给予了很多有价值的具体建议；国务院发展研究中心创新部副部长田杰棠研究员、国家发展改革委产业所付保宗研究员、财政部中国财政科学研究院财政与国家治理研究中心主任赵福昌研究员等专家学者对指数设置和指标选择给予了极具针对性的建议；财经指数项目成员李向军、傅强、曹明星、刘倩、赵国钦、许寅硕、陈波、杜纯布、李姗姗等老师在指标体系构建、指标权重设置、报告撰写框架等方面提出了很多建设性、可操作的建议。这些有价值的建议均被吸收至报告中。我们对以上专家学者和各位老师表示由衷的感谢！

北京财经研究基地副主任、本项目组组长李向军领衔北京财经指数项目组和报告撰写团队，统筹本年度报告的主题选取、理论逻辑、项目研究、专家讨论、指标框架与体系设计、指标筛选原则、模型构建以及报告结构和提纲设计、撰写内容和图表关系等研究，李姗姗具体负责课题组任务的执行与协调，深度参与并承担了指标体系的前期论证、备选指标的筛选和分类、指标数据源的收集、数据选取和确定等大量细致工作，并作为报告撰写组组长，负责本报告全文撰写的落实与执行。在此过程中，财经研究院2020级全体研究生参与了本次报告的数据收集和文字处理工作，他们负责了前期繁杂的数据收集、核校工作，此外，2018级研究生苏耀和2019级研究生苏鹏在项目组组长的指导下，带领全体2020级区域经济学硕士研究生，分工协作完成对北京、上海、深圳、广州、重庆等5个城市，每个城市82个指标，时间样本跨度为2014～2019年的数据收集、整理、校对、复核工作；同时，在中央财经大学统计与数学学院周凌瑶博士团队的帮助下，项目组克服疫情期间的巨大困难，完成了财经指数所有指标勾稽关系的确立、图表展示逻辑层次的构建、所有层级指标的自动化计算、全书所有图表的自动化生成以及各级指数横向和纵向分析的自动化展示体系等大量的数据处理和计算任务。

由首席专家林光彬教授领衔的专家团队以及基地副主任李向军领衔的项目团队多次研讨报告提纲，分工协作，完成了书稿的撰写任务。李向军负责全书总撰，负责全书大纲目录、章节逻辑、内部布局、图表关系、撰写要点，李姗姗负责全书统稿，其中，李向军、李姗姗负责第一、第二、第三章的统稿，李姗姗负责第四、第五、第六章的统稿，闫昊生负责第八、第九、第十章的统稿，汪文翔、李雁影、田红艳、雷志嫦、杨文娟、赵一凡、李若彤和吴雨桐、李翎和孟利航、孙素利和申嘉敏、蔡贺莹和陈静等全体 2020 级区域经济学硕士研究生分别参与了第一章至第十章的初稿撰写，项目成员刘倩、陈波、赵国钦、许寅硕、杜纯布分别负责第一、第二章，第三、第四章，第五、第六章，第七、第八章和第九、第十章的修改完善，撰写组共同完成报告撰写。我们对各位撰写组老师、计算支持老师以及所有参与的研究生表示衷心的感谢！

本次报告核心内容——财经支持指标体系在构建过程中，经过 4 次大研讨和改动，其间指标体系数次根据专家组意见不断优化调整，尤其是后期指标计算和模型构建，经过无数次的拟合和优化，最终确定为本报告呈现的财经指数指标体系和计算结果。北京财经指数是北京财经研究基地全体成员共同努力的研究成果。

由于报告出版日程原因，研究和撰写过程中对于一些专家学者的意见和建议，未能及时采纳和吸收，比如，现在展示的指数体系在个别指标的极端值变化和影响、数据逻辑间的深入分析和挖掘、指标选择和权重的设置等方面，仍存在一定的不足和需要完善之处。我们诚恳期待读者和各位专家学者批评指正。

目前，我国经济已经由高速增长阶段转向高质量发展阶段，正处在转变发展方式、优化经济结构、转换增长动力的攻关期，建设现代化经济体系是跨越关口的迫切要求。建设现代化经济体系，必须把发展经济的着力点放在实体经济上，提升财政支持实体经济的效率，增强金融服务实体经济的能力，理顺财政和金融协同发展支持实体经济的机制。作为北京市首批哲学社会科学研究基地，北京财经研究基地财经指数项目未来将继续以北京财经指数研究为契机，深耕北京财经领域，更加深入地研究北京财经重大问题，发挥高校财经智库优势，凸显研究成果的"高校财经智库"特色，为北京财经发展提供实践分析、理论支撑和对策研究。

北京财经研究基地财经指数课题组

2020 年 12 月

目 录

第一章
北京财经指数：理论与框架

　　财政和金融是为实体经济运行提供资金的两个重要来源，财政为实体经济提供公共资金，金融为实体经济提供社会资金。财政和金融良性运行不仅能够支持实体经济更好地发展，而且可以使财政和金融本身取得发展。而财政、金融的运行情况和实体经济发展情况需要以定性分析的规划分析形式结合定量分析的计量模型分析形式进行考核与评判，故急需一套更为深刻地理解经济高质量发展的内涵、定性指标和定量指标相结合的、能切合中国各城市实际的财经指数指标体系，来合理地衡量、判断、评价中国财政、金融体系状况及其对新经济发展的支持力度。本章通过分析指标设计环节中所需遵循的基本原则与技术原则，系统性地分析了财政、金融以及财政金融协同支持实体经济发展的机制，总结了财政金融支持实体经济高质量发展的理论基础，并在此基础上根据各地财政金融情况及数据可获得性，从财政支持、金融支持以及衡量高质量经济发展状况的经济成效三个维度对财经指数指标体系进行衡量，形成了以北京为主、涵盖五个城市财经情况的财经指数指标体系的财政金融支持基本框架。

一　北京财经指数的基本理论

（一）财经指数的基本内涵

　　"财经支持指数"（简称"财经指数"）由"金融支持指数"、"财政支持指数"和"经济成效指数"三部分构成，旨在综合评价涵盖增长规模、增长质量、创新水平和开放程度的北京综合经济产出成效的现状和发展趋势，以及经济产出中金融支持和财政支持的作用和贡献，综合考察"实体经济—财政—金融"三者之间的协同支持发展水平，深度分析财政和金融支持实体经济发展的水平与实体经济发展成效。

（二）财政金融支持实体经济发展的协同机制

资金是现代经济运行的血脉，高质量的实体经济发展，离不开资金的有力、高效支持。财政和金融是为实体经济运行提供资金的两个来源，财政为实体经济提供公共资金，金融为实体经济提供社会资金。财政和金融活动对于实体经济有直接、深入且广泛的影响，财政和金融良性运行不仅能够支持实体经济更好地发展，而且可以使财政和金融本身取得发展。相反，财政和金融若偏离实体经济，则不仅会抑制或拖累实体经济的发展，最终也会阻碍自身的可持续发展。

财政金融的协同发展有助于化解实体经济的风险。财政和金融是在政策调控、业务运行、体制机制方面全方位关联的，只有财政和金融协调发展，才能够预防财政风险和金融风险的相互转化，为实体经济安全运行建立防火墙。同时，财政金融的协同发展能够推进财政体制改革和金融创新，使财政和金融体制能够适应实体经济转型的需求，并为实体经济转型升级提供宽松的宏观环境。

财政金融协同发展有助于实体经济的转型升级。在经济结构调整、高质量发展的关键时期，财政政策和金融政策的协调能够为实体经济创造更为宽松的政策环境。积极的财政政策能够引导公共资金和社会资源更多地投向关系国计民生的基础性产业和增强国家竞争力的战略性产业，而金融市场则能够使企业获得更广阔的融资空间和更多的投资机会，从而增强实体经济的韧性。

（三）金融支持实体经济发展的机制分析

金融是一个国家或地区重要的核心竞争力，是推动经济高质量发展的重要支撑。在经济学上，实体经济是指物质的、精神的产品和服务的生产、流通等经济活动，由成本和技术支撑定价；反之，虚拟经济的运作则是直接通过分配和交换产生增值，以资本化定价方式为基础。[1] 实体经济与虚拟

---

[1] 陆岷峰：《金融支持我国实体经济发展的有效性分析》，《财经科学》2013 年第 6 期。

经济之间发展关系的不当会引发实体经济萎缩，资本脱实向虚则会诱发金融危机。自2012年1月全国金融会议提出"确保资金投向实体经济"，"防止虚拟经济过度自我循环和膨胀"，金融支持实体经济发展的政策支持和引导成为金融产业发展的一个重要方面，但是实体经济和虚拟经济本身存在的问题和弱点，使得金融支持实体经济发展的有效性存在不确定性。一方面，从2007年到2018年，中国的边际资本产出率从3.5上升到6.3[①]，资本效率直线下降，企业"融资难"的问题越发严重。但另一方面，在金融资产中，居民存款占比达到70%以上，居民"投资难"的问题同样存在。"融资难"和"投资难"共存的局面说明，中国经济增长的模式和金融支持的方式产生了脱节。

自2013年以来，中国经济进入增速换挡、新旧动能转换的新常态，粗放式的发展方式已经无法为中国经济进一步的增长提供持续动力，同时，生产成本的提升，需要企业通过生产高附加值产品获取更多收益，更好地参与国际竞争与合作。产业转型和升级离不开创新，尤其是产业链中"卡脖子"的技术攻关，需要极大规模的资金支持研发和创新。经济发展由要素投入型增长向创新驱动型增长转变，这也对金融服务实体经济提出了新的要求，需要金融服务模式、业务模式、风险管理模式结合实体经济需求实现转型。

金融市场有利于支持新兴产业，推动产业转型和升级。一方面，目前中国金融体系中以银行为主的间接融资模式占主导地位，这样的金融结构在服务传统行业的时候是有效的，且对于整个金融体系的系统安全是有保障的。但是，当实体经济需要创新驱动的时候，投资风险也会随之上升，银行维护金融系统安全的职能使得创新型企业无法从银行获得足够的投资，这也是中小企业"融资难"的原因所在。但是，能够带来直接融资的资本市场却更能够支持创新，更专业地识别风险，尤其是股票融资市场，一定程度上可以实现投资者与企业家的风险共担。另一方面，金融市场对风险的专业化识别，也是对创新和技术研发潜力与前景的识别。虽然一些创新和技术短期看是具有高风险的，但长期看是具有发展前景的，投资这样的

---

① 黄益平：《"十四五"：金融支持实体经济重在做好普惠》，《中国经济报告》2020年第5期。

创新和技术一方面能够为投资资本带来高回报，另一方面可以最终推动实体经济实现产业转型和升级，而这样的投资也只能在资本市场上得以实现。

金融市场有利于完善经济结构，推动实体经济可持续增长。大型企业相对于中小企业有更为充足的资本和资源进行创新和技术升级，但是，中小企业甚至微型企业由于其灵活的企业制度和自由的工作环境，更有利于创新的产生。中小企业更多是民营企业，在传统的金融体系下，从银行获取贷款融资支持其创新行为是较为困难的，银行的风险控制要求和管理模式使其更看重贷款企业的财务数据、企业资质，因此在传统金融市场中，中小企业的成长和发展一度成为难题。但是，在直接融资市场，中小企业则有了更为广阔的融资渠道，可以争取更充足的资金支持创新。中小企业的健康成长可以进一步提高市场活力，完善经济构成，推动实体经济的可持续增长。

（四）财政支持实体经济发展的机制分析

政府通过财政政策调节实体经济，调节的手段包括政府支出、税收、补贴、转移支付等。财政政策是政府调节实体经济的重要手段，尤其地方政府是追求经济增长的短期效益还是长期质量，会直接影响其财政行为，进而影响当地企业和产业的发展。财政政策对于实体经济的影响，一方面体现在财政政策通过降低企业运营成本提升实体经济活力；另一方面体现在财政政策通过改变要素相对价格影响资源的再配置，进而影响企业行为。

财政政策通过降低企业运营成本提升实体经济活力。合理的补贴、减税等相关财政政策能够有效降低企业运营成本，进而提升实体经济活力。补贴政策弥补了企业在生产资料、劳动力、技术等方面的支出，其实质是增加企业的相对收入；减税降费则有助于企业轻装上阵，减轻税费压力，降低运营成本，进而提高实体经济活力。

财政政策通过改变要素相对价格影响资源的再配置，进而影响企业行为。对于创新型、环保型企业来说，合理的税负减免和财政调控，实际上改变了创新、技术等要素的相对价格，通过积极的财政政策，鼓励知识、技术、环保等要素能够不断渗入企业生产中，使企业能够突破价格壁垒，使用创新型生产要素，提高企业生产效率和企业竞争力，进而实现实体经济的高质量增长（见图 1 - 1）。

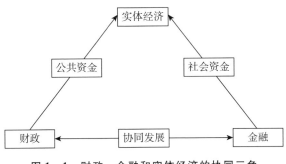

图 1 - 1　财政、金融和实体经济的协同三角

二　财经指数指标体系设计的原则

（一）基本原则

现如今，我国对内正经历经济增速换挡、发展转型和产业供给侧结构性改革，对外则面临世界格局和国际秩序深刻调整、单边主义与保护主义愈演愈烈的国际环境。为更好适应社会主义市场经济体制及公共财政体制、金融市场体制的完善，我国目前财政与金融体系是受现有国情约束，为满足资源配置、收入分配、产业结构顺利升级、经济就业稳定、提高民生福祉等多项职能需求所制定。因此，衡量、判断、评价中国财政金融体系状况及其对新经济发展的支持力度，需要更为深刻地理解经济高质量发展的内涵，立足国情世情，通过定性指标和定量指标相结合，确定一套可行的、切合中国各城市实际的财经指数指标体系。因此，在指标设计环节中，本书主要遵循以下原则。

1. 科学性原则

科学性原则是最重要的原则之一，指标体系构建要如实反映真实情况和所测评对象的基本特征，要在真实的情况下尽可能对不同层次、不同区域和不同发展情况的对象的具体内容进行反映；对于财经指数指标体系而言，则是尽可能用科学的方法、工具、假设和模型来真实客观地反映各城市的财政支持、金融支持情况及新经济支持的绩效，达到在横向、纵向上的可比较和可反映，提高评测的信度和效度。

2. 系统性原则

系统性原则是基于系统理论提出的。由于支持指标是一个多层次、多内容的指标体系，因而在设计过程中应具备完备性，涵盖尽可能全面的信息，并对各维度指标进行划分，形成若干层次的、多方面的指标体系，且同级指标应相互联系但不重复地反映上一级指标的各个层面，多角度、全方位地评估各城市财政金融体系状况及其对新经济发展的支持力度。①

3. 可行性原则

可行性原则是指所设计的指标体系既能尽可能精准地体现出财政和金融对经济支持的成效，又能够达成地方政府的评价目标。这就要求在设计指标的时候，明确指标属性和统计口径，围绕地方财政和金融支持方向与目标进行设计，且设计时须注意各项指标数据的可获得性和可操作性。

4. 持续性原则

持续性原则是指在财政和金融演进发展的动态过程中，应注意地方财政金融受干扰但依然能保持其稳定支持新经济发展的能力。在设计指标时，则需额外强调指标应注重前瞻性，其指标体系能在较长时间内大体保持稳定，只涉及部分具体指标、权重的细微调整。

（二）技术原则

1. 全面性和独立性相结合

全面性强调的是指标体系能够全面反映财政和金融对我国经济高质量发展的支持力度和绩效，对地方政府在财政收入和支出领域对经济发展的支持力度和绩效及金融机构在融资方面的支持力度做出了比较完整的划分覆盖，并力图尽可能适用于各城市。

独立性则强调选出的指标尽可能相互独立，不相互重叠且不互为因果，若某些指标重复信息较多，则选取信息量更大的指标。此外，以较少的指标层级和指标数量，反映所要评估的内容。

---

① 韦小泉、王立彦：《地方党政主要领导干部经济责任审计评价指标体系构建》，《审计研究》2015 年第 5 期。

全面性和独立性相结合，就是要做到既尽可能全面反映被评测对象的支持情况及支持效度，又能避免因选取指标较多而引起的指标体系冗杂和可能忽略评价内容的情况，从而用较少的指标来全方位测度与评估各城市的财政支持、金融支持情况及新经济支持的绩效。[①]

2. 可比性和动态性相结合

可比性要求所评估的对象的各项指标数据是可比的，反映在指标数据上是指数据本身具有差异性，这种差异性使得数据可以被比较，且这些数据不仅横向可比，同时纵向也可比。因此，可比性也要求指标数据的时间、来源、统计口径、计量方式统一。

动态性则是由持续性原则衍生出来的，中国经济高质量发展是一个动态的过程，在这个动态过程中，不同发展阶段所包含的内容是不断变化的，财政和金融支持力度和所产生的绩效也会随之改变。因而，财经指数指标体系应在保持大框架基本稳定的同时，随着经济发展而微小幅度地演进变化，这就需要指标体现出时间的连贯性，而不会因为经济社会发展使得整个指标体系发生较大改变。

可比性与动态性相结合，就要求指标数据是可比的、具有差异的，且体现出时间的连贯性。此外，指标数据不仅在短期内可比，在较长时期内也可比，从而能较好地反映一段时期内各城市的新经济发展状况及财政金融的支持力度和效度。

3. 易获性和精确性相结合

易获性是指数据具有可获得性和可操作性，不应将需要较高人力物力成本才可获得的指标数据纳入指标体系中，而应用尽可能容易获得的数据较好地反映支持情况。

精确性则是指所选指标能精确地评估被选取对象的基本特征，包含资料来源可靠、定义准确、评价技术成熟、方法科学、模型符合实际等特点，以量化的方式分析出各城市财政金融支持力度和效度，减少主观判断及人为干预等因素影响。

易获性和精确性相结合，就是要做到用较容易获得的指标以及规范的

[①]　刘笑霞：《论地方政府绩效评价指标设计的原则》，《审计月刊》2009 年第 11 期。

计算方法和模型构建能准确地衡量和评估各城市的财政支持、金融支持情况及新经济支持的绩效，使地方政府实现可应用、可重复地精确评估当地财政金融支持状况，为政府决策提供可信依据。

4. 科学性和实践性相结合

科学性是源于科学性原则，要求指标设计时充分地考虑评价对象的实际情况，对多层次、多内容的指标体系进行全面系统的划分，覆盖所需要评估的全部内容，并保证来源真实客观、符合实际。

实践性是指指标数据可应用。构建指标体系的最终目的是测量评估，并为当地政府完善财政体制和金融体制、制定相关政策提供理论参考。所以在设计指标时，应考虑到实践的可行性，基于现实经济高质量发展的需要，保证指标来源可靠且数据易获取，统计口径准确统一，现实应用可行有效。

科学性与实践性相结合，是指指标设计应从实际出发，以目的为导向，对指标进行细致划分，并保证指标来源真实可靠、统计口径统一、计量方法准确科学，能更好符合并应用于现实，使地方政府能做到全面多维地评估各城市财政金融体系状况及其对新经济发展的支持力度与效度。

三　北京财经指数指标体系基本框架

（一）指标体系基本框架

财政最大的特点是公共性，因而中央财政和地方财政的基本目的是承担国家与地方的军事安全、经济发展、对外贸易、机关运转等所需支出，以此实现资源配置、收入分配、经济稳定等目的。其中，财政部与地方财政局通常以一般公共预算收支、政府性基金收支和国有资本经营收支来反映国家财政情况，反映的是一般公共财政的收支情况。而对于特定用途的财政收支情况，各地则缺乏统一有效的指标体系进行衡量，在主客观指标选取上往往也会有较大的差异。同样，国家与地方往往采用金融机构金融活动情况、存贷款利率调整情况、直接融资情况、保险业务情况四个方面反映金融、证券和保险状况，以此来衡量地方金融发展状况，但其也像财政指标一样，存在指标冗杂、不易统一的问题，较难反映特定用途的金融收支情况。[1]

针对我国这样一个处于转型升级期的大国，要想更好利用各地财政金融数据，反映其对经济高质量发展的支持情况，就需对各地指标进行收集整理，建立财经指数来考评及指导地方经济高质量发展状况。

为了更好地将财经指数指标体系运用于地方层面，需分析地方财政金融各项指标的差异与共同点。因此本书将财经指数分为三部分，分别是财政支持、金融支持以及衡量经济高质量发展状况的经济成效。而财政/金融支持又主要由四个维度构成，分别是财政/金融实力、财政/金融支持力度、财政/金融可持续性、财政/金融支持效度（见图1-2）。

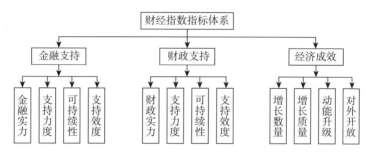

图1-2　财经指数指标体系的基本框架

金融实力反映地方财政金融的实力大小，是地方实现经济高质量发展、行使地方政府职能、开展金融融资活动的保证；支持力度代表地方财政支出及金融融资规模，具体反映为经济高质量发展提供的支持大小；可持续性说明地方基于自身的资源禀赋与能源禀赋的发展是否合理化、科学化，越是合理化、科学化则地方财政、金融发展越可持续，经济发展质量也越高；支持效度则是对地方财政金融为达成经济高质量发展这个目标所执行的结果以及高质量发展情况的综合性评价。

经济成效方面，为了更好衡量经济高质量发展状况，除了基本的增长数量和增长质量外，还包括动能升级和对外开放。动能升级核心是产业升

---

[1]　高培勇、张斌、王宁：《中国公共财政建设报告2013（地方版）》，社会科学文献出版社，2013。

级机制的转换，集中体现了新型产业以及高技术产业的增长；对外开放则体现一个地区企业进出口情况、地区在产业链中的地位，企业在良好的对外开放基础上主动扩大进出口，将有助于增加国内消费者的选择，满足消费升级的需要，进口更多新产品、新技术，促进经济高质量发展。

（二）北京财经指数指标体系解释

1. 金融支持的指标体系

（1）金融实力

一个地区企业要想得到长足的发展，除了自身管理、制度等方面的因素外，外部环境对于企业也有显著的溢出效应，其中区域的金融实力便是重要的影响因素。企业在发展过程中必然会产生大量的资金需求，从而会进行较多的融资活动，这就离不开当地金融机构及部门的支持。当地金融机构及部门能提供给企业的融资越多，则代表该地区的金融实力越强，该地区整体企业也会得到较好的发展，具备较强的竞争力，从而带动当地经济腾飞。同样，该地区经济越发达，则其金融实力也往往越强。[①]

一般来说，一个地区内金融机构的各项存款余额可最直观地体现该地区的金融实力。一个地区存款余额的大小直接决定了可提供给该地区企业用于发展的贷款的多少。此外，金融机构资产总额和金融机构法人数则体现了该地区金融机构实力的强弱，象征着该地区金融机构规模大小，也能在一定程度上反映该地区的金融实力。

另外，该地区的金融实力也能从上市公司数得以反映。上市公司数能从侧面反映一个地区的企业发展状况以及该地区的经济金融发展水平。该地区上市公司越多，说明发展状况良好的企业越多，则形成产业集群的可能性也就越大，从而带动该地区经济的高质量发展。

综上所述，金融实力可由以下指标表示：

111　各项存款余额；

112　金融机构资产总额；

[①] 张林、冉光和、陈丘：《区域金融实力、FDI溢出与实体经济增长——基于面板门槛模型的研究》，《经济科学》2014年第6期。

113　金融机构法人数；

114　上市公司数。

（2）金融支持力度

金融支持力度即金融信贷力度。长期以来，实体经济对我国国民经济起着至关重要的支撑作用，这些实体企业不仅创新技术，也解决就业，由此拉动当地经济发展。企业的发展需要大量资金支持，大企业相对不缺乏融资渠道，而中小企业以及新兴企业往往融资困难，体现在融资渠道少、融资金额小、融资成本高等方面。因此，金融机构若能为实体经济进行融资，将有利于企业发展，特别是高新企业的发展，推动经济高质量发展。

在众多指标当中，社会融资规模增量能够较好地衡量金融信贷力度，它从增量的角度反映金融与经济的关系，是实体经济所能获得的资金总额。与社会融资规模增量类似的增量指标还有新增贷款、新增债券融资和新增股票融资，它们从不同角度反映实体经济通过不同方式进行融资。新增贷款是本年度金融机构发放的贷款，它能较有效地说明金融机构主动融资规模增量。而新增债券融资和新增股票融资则是机构和企业为筹集资金所发行的有价证券和证明股东身份并承诺支付红利的凭证，是企业和机构主动向社会获取融资的方式。

综上所述，金融支持力度可由以下指标表示：

121　社会融资规模增量；

122　新增贷款；

123　新增债券融资；

124　新增股票融资。

（3）金融可持续性

20世纪80年代以来，金融危机与金融动荡的频繁发生促使各国重视和防范金融风险，维持金融系统的稳定性，金融可持续性便由此诞生。金融可持续性将金融视为一种资源，可以通过资源配置来带动经济的增长。金融和实体经济存在耦合关系，相互促进，共同发展。金融若脱离了实体经济过度发展，则最终会形成泡沫，该地区经济增长也不可持续，甚至会产生经济危机。因此，一个国家或地区金融贷款占整体GDP的比例以及存贷比例不宜过高，这也可衡量当地金融支持是否可持续。因此，国家或地区应通过合理的金融机制，保持和实现金融的可持续稳定增长。

关于衡量金融可持续性的方法，最简单、有效的方式便是通过比较各项贷款余额与各项存款余额的比值，即存贷比。若存贷比例越大，则说明金融机构能够为其他企业及单位带来的融资越多，当地金融发展状况较好，金融支持是可持续的；反之则说明金融机构并不能创造更多的贷款，其给中小企业注入融资的能力较差，中小企业缺乏金融支持，这种金融支持是不可持续的，也不利于当地经济发展。

金融可持续性也可通过各项贷款余额与GDP的比值判别，其一般用来衡量金融规模，但此处为反向指标。与存贷比相反，若各项贷款余额与GDP比值越大，说明其融资规模越大，实体经济的国民经济产出越少，其金融支持很难维系在一个良性发展水平；反之亦然。

除此之外，还可以通过金融业增加值和不良贷款率判断一个地区的金融支持是否可持续。金融业增加值是按市场价格计算的一个地区企业在一定时期内从事经济活动获得的成果；而不良贷款率则是金融机构不良贷款占总贷款余额的比重，用来衡量金融机构信贷风险。这两者都和金融支持是否可持续直接相关，金融业增加值越多，不良贷款率越小，说明能对实体经济提供的支持越多，其金融支持也越可持续。

综上所述，金融可持续性可由以下指标表示：

131　各项贷款余额/各项存款余额；

132　各项贷款余额/GDP；

133　金融业增加值；

134　不良贷款率。

（4）金融支持效度

金融支持效度，是指金融支持经济取得的绩效。金融机构在追求自身利润最大化的同时，通过市场机制与竞争机制向需要资金的企业进行融资，由此自发地实现市场供需的均衡。在这个过程中，金融机构对经济高质量发展所做出的贡献便可理解成金融支持的效度指标。

在以往文献中，对金融支持效度指标的衡量方式有所不同，为了更精准地聚焦高质量发展，本书主要选取金融业增加值/GDP、人均新增贷款、企业存款/各项存款余额、技术合同成交额/新增贷款等指标衡量。

金融业增加值与 GDP 的比值是反向指标，用来测度 GDP 中有多少是金融业所贡献的，金融业贡献越少，说明较小的融资拉动的实体经济的产出越多，金融支持效度越好；反之则说明 GDP 主要由金融业贡献，其他产业发展较差，金融支持效度也较差。

人均新增贷款则是从民生角度进行考察。人均新增贷款的增加，一是反映人民收入水平的增加，从而拉动消费，进而带动相关产业的发展；二是说明居民消费习惯的改变，居民消费的不只是传统的食品服装等行业，更是涉及了汽车等新兴产业与第三产业，从而从侧面反映居民消费水平的提高。

企业存款/各项存款余额以及技术合同成交额/新增贷款则从企业绩效和技术进步两个角度诠释了金融支持的效度。其中，企业存款/各项存款余额表明存款中有多少是由企业提供，能够反映该地区企业经营状况；至于技术合同成交额/新增贷款则反映金融在支持企业技术进步和创新中的作用，尤其是新兴产业和高技术产业的发展更加需要贷款、风险投资等金融支持。企业存款/各项存款余额与技术合同成交额/新增贷款的值越大，代表企业发展越好，技术创新越多，经济发展质量也越高。

综上所述，金融支持效度可用以下指标表示：

141　金融业增加值/GDP；

142　人均新增贷款；

143　企业存款/各项存款余额；

144　技术合同成交额/新增贷款。

2. 财政支持的指标体系

（1）财政实力

财政实力又称财政能力，用来衡量一个地区财政经济能力的强弱，财政实力越强，该地区在城市建设、民生支出等方面投入越多。良好的财政能力能够拉动内需，有效地促进经济增长。但现有研究通常将财政能力区分为财政收入能力与财政支出能力，又可理解为财政汲取能力和财政配置能力。[1] 为了更好地衡量一个地区财政经济能力的强弱，本书主要以财政收

---

① 辛方坤：《财政分权、财政能力与地方政府公共服务供给》，《宏观经济研究》2014 年第 4 期。

入能力即财政汲取能力作为反映一个地区可供经济高质量发展的经济能力及调节经济发展结构的能力。

财政收入主要由一般公共预算收入来表示，一般公共预算收入是以税收为主的收入，用于地区经济发展、改善民生及地方财政支出。由于我国实行的是分税制度，因此除了税收收入，在地方财政收入中占据相当大比重的是土地出让收入。此外，除了以税收收入为主的一般公共预算收入外，债务收入也能较好地反映财政实力，我国将债务收入纳入政府财政预算收入。一般来说，债务收入＝一般债务收入＋专项债务收入，其中一般债务收入和专项债务收入同属于直接债务，一般债务收入是指没有对应财政项目所取得的债务收入，而专项债务收入则是指经营性债务收入或制度性债务收入。以上三部分便构成了我国财政收入的主体部分。[①]

此外，当地政府本身所具有的财力更能反映该地区的财政实力。政府财力是一个综合性的指标，相较于之前的一般公共预算收入来说，范围更广，内涵更丰富。政府财力＝一般公共预算总收入＋政府性基金收入＋国有资本经营预算收入。其中，一般公共预算总收入＝一般公共预算收入＋转移支付净收入[②]；政府性基金收入则是指政府依据法律法规向特定对象所征收的用于公共事业的收入；国有资本经营预算收入是指对国有资本收益做出支出安排的收支预算。政府财力的高低能显著影响一个地区创新驱动发展的状况，较强的政府财力有利于营造良好的制度环境，激励企业的创新行为，促进该地区经济的高质量发展。[③]

综上所述，财政实力可由以下指标表示：

211　一般公共预算收入；

212　土地出让收入；

213　债务收入；

214　政府财力。

---

①　国家统计局：《中国统计年鉴2019》，中国统计出版社，2019。

②　国家统计局：《中国统计年鉴2019》，中国统计出版社，2019。

③　邵传林：《政府能力与创新驱动发展——理论机制与中国实证》，《社会科学》2015年第8期。

（2）财政支持力度

地方政府的财政支持力度主要由地方政府对经济发展的支出来体现，包括财政资金的拨款补贴、税收减免优惠政策、政府采购以及融资支持等。为了方便衡量政府在高质量发展各方面所提供的财政扶持与倾斜力度，本书将政府财政支出区分为一般公共预算总支出、公共性支出、经济性支出和创新类支出。

一般公共预算总支出是国家将筹集的资金进行配置，以满足经济生活以及各项事业建设的需要，是财政支出最常见的指标，最能够体现地方财政支出的规模大小，从量上较好地反映了地方财政对于该地区高质量发展的支持力度。①

公共性支出是政府为改善居民生活质量、提高居民生活水平的支出，是一项合成指标。公共性支出＝民生类支出＋一般公共服务＋国防＋公共安全。其中民生类支出为一般公共预算支出中八个项目之和，包括教育、文化旅游体育和传媒、科学技术、社会保障和就业、医疗卫生和计划生育、城乡社区、住房保障、节能环保。公共性支出最贴近民生，是切实反映经济高质量发展、人民生活水平全面提升的指标。②

经济性支出是政府财力除去公共性支出的部分支出，同样也是一个合成指标。经济性支出＝政府财力－公共性支出＝政府财力－民生类支出－一般公共服务－国防－公共安全。它反映了政府为促进当地经济发展的支出。③

创新类支出则是科技、教育、文化方面的支出，主要由科学技术、教育、文化旅游体育和传媒三部分支出构成，反映该地区用于创新发展的支出大小。④

以上四个指标从各方面诠释了一个地区高质量发展的内涵——既是人民生活水平的提高，又是经济数量与质量的提高，因此该地区对这些支出投入越多，说明该地区财政支持力度越大。

---

① 国家统计局：《中国统计年鉴 2019》，中国统计出版社，2019。
② 国家统计局：《中国统计年鉴 2019》，中国统计出版社，2019。
③ 国家统计局：《中国统计年鉴 2019》，中国统计出版社，2019。
④ 国家统计局：《中国统计年鉴 2019》，中国统计出版社，2019。

综上所述，财政支持力度可由以下指标表示：

221　一般公共预算总支出；

222　公共性支出；

223　经济性支出；

224　创新类支出。

（3）财政可持续性

财政可持续性是指地方财政的存续能力。若财政不可持续，则难以维持当前的状态；相反，若这种财政收入的增长是稳定的、可维持的，则说明财政不会陷入欠债状况，拥有偿债能力，信用较好，其财政收入是可持续的。

一般来说，影响财政可持续性的因素较为复杂，大体可以划分为外部因素与内部因素。对于地区而言，外部因素对财政扰动较小，一般多以内部因素为主。衡量可持续性可以参考之前的财政指标，即考察地方财政收入是否可以存续。若一般公共预算收入越少，土地出让收入越大，政府债务越大，则财政收入越不稳定，不利于支持经济的可持续发展。而若在一般公共预算收入中税收收入占比较大，则说明当地企业发展良好，税收来源稳定，其财政收入增长是可持续的。此外，若一般公共预算收入比一般公共预算总支出更多，同样也能说明其收入是正增长的，其财政是可持续的。

综上所述，财政可持续性可由以下指标表示：

231　土地出让收入/一般公共预算收入；

232　税收收入/一般公共预算收入；

233　政府债务余额/GDP；

234　一般公共预算收入/一般公共预算总支出。

（4）财政支持效度

财政支持效度是指财政支持所取得的绩效，是政府为了满足其自身职能，在对民生、经济和创新进行支出时所取得的成绩和成果。若能做到同比例的财政支出取得较好的绩效，带动当地经济的高质量发展，则说明财政支持效度较高。

关于财政支持效度的考量，指标的选择也相对较多。本书主要采用一般公共预算收入/GDP、公共性支出/一般预算总支出、人均一般公共预算总支出、R&D 支出占 GDP 比例，分别考察政府在经济、民生和创新方面所取得的绩效。

一般公共预算收入/GDP 是反向指标，用来表示政府财政收入能拉动多少 GDP，或者说 GDP 中财政收入占比多少。比值越高，则说明财政收入拉动经济能力越差，GDP 中其他经济组成成分越少，财政支持经济的效度越差。

人均一般公共预算总支出和公共性支出/一般预算总支出都属于民生类指标，其中人均一般公共预算总支出衡量人均财政支出大小，其数值越大，说明地方政府向居民提供的公共服务越多；公共性支出/一般预算总支出则是衡量财政支出中有多少用于改善民生、提高人民生活质量水平，比值越大，则说明财政支持经济的效度越高。

R&D 支出占 GDP 比例衡量创新水平，指地区在当年用于研究的经费支出占 GDP 的比重，又称投入强度。比重越高，则说明当地对创新投入越多，地方财政支持高质量发展绩效也越好。

综上所述，财政支持效度可由以下指标表示：

241　一般公共预算收入/GDP；

242　公共性支出/一般预算总支出；

243　人均一般公共预算总支出；

244　R&D 支出占 GDP 比例。

3. 经济成效的指标体系

（1）增长数量

经济增长数量一般是指地区经济总量的增加，即地区商品产量和劳务量的增加。它强调经济增长的速度，且相比其他绩效指标，更加重视效率。一个地区要想保持较高的居民生活水平，就要具备一定的经济增长速度，低水平的经济增长很难提高居民生活水平，甚至可能陷入纳克斯所说的"贫困恶性循环陷阱"。因而经济增长数量是各界学者关注的重要绩效指标。

一个地区经济增长数量往往会用地区 GDP 这个指标来衡量，即地区生产总值。它等同于各产业的增加值之和，其核算方法有生产法、收入法和支出法三种。地区生产总值往往能较好地反映一个地区经济发展的水平，因而可以作为衡量金融和财政对支持的成效绩效的参考指标。

类似的指标还有 GDP 增长率和人均 GDP。地区 GDP 增长率是按可比价格计算的与上一年相比增长率的高低，反映地区经济增长的快慢，是宏观经济重要指标之一，能较好地反映经济增长情况。人均 GDP 虽然也是增量的概念，但更侧重于衡量一个地区经济发展情况。一个地区经济发展往往与经济增长不同，它是高质量的增长，是蕴含技术创新、社会进步的增长，一个只有增长而没有发展的经济体，是低质量的增长，往往缺乏国际竞争力。而人均 GDP 则能衡量地区居民人均收入的情况，能较好地反映一个地区的居民生活质量。

此外，本书为衡量经济高质量增长情况，引入了第三产业占比。1985年，国务院办公厅制定的《国家统计局关于建立第三产业统计的报告》中提到第三产业为除了农业和工业外的各部门。第三产业是技术进步和集约化的结果，良好的第三产业不仅有利于为基础产业提供相应的服务和配套产业，更是产业现代化的前提和基础，它能为实体经济创新发展提供不竭动力，帮助实体经济转型发展，是经济高质量发展的重要一环。

综上所述，增长数量可由以下指标表示：

311　GDP；

312　第三产业占比；

313　GDP 增长率；

314　人均 GDP。

（2）增长质量

经济增长质量是指对地区经济增长的一个综合的评价，它不仅强调经济数量的增长，也包括经济结构的优化、人民综合素质与生活水平的提高、生态环境的改善等多方面，具体包含提高生产率、降低资源消耗率、改善环境等。

其中，反映生产率提高的指标是全员劳动生产率，它是按照产品价格量指标计算的、衡量职工平均生产率的指标，反映企业的技术水平、经营水平和劳动熟练度。全员劳动生产率既能反映工业的增加值，又能反映员工的劳动效率与企业的经营情况，能较好地反映金融与财政支持的绩效，也能反映经济增长的质量。

反映资源消耗率降低的指标是单位 GDP 能耗，它是一个反向指标，具体是指单位 GDP 消耗的能源量，往往消耗的能源越多，资源消耗率越高，越不利于经济可持续发展。影响单位 GDP 能耗的不仅是自然条件，还有整个社会的能源消费构成、行业结构、管理结构以及经济增长质量。因此，经济增长质量的一部分可通过单位 GDP 能耗来体现。

反映环境改善的指标是 PM2.5，指的是环境空气中空气动力学当量直径小于等于 2.5 微米的细微颗粒物，这也是一个反向指标。PM2.5 指标越大，则说明空气污染越严重，环境较差，不利于生态环境的改善，甚至对人体有害，导致人民生活水平的降低，同样也不利于经济高质量增长。

此外，人均可支配收入能较好地反映人民生活质量水平，是宏观经济较常采用的指标。人均可支配收入与个人消费支出高度相关，是其最重要的决定因素，反映居民消费水平和生活水平，更反映一个地区生活水平的高低。人均可支配收入越高，则居民消费水平和生活水平越高，当地经济增长质量越高，越能够吸纳人才，促进当地经济良性循环。

综上所述，增长质量可由以下指标表示：

321　全员劳动生产率；

322　单位 GDP 能耗；

323　PM2.5；

324　人均可支配收入。

（3）动能升级

一个地区的经济要想不断发展，必不可少的就是创新。坚持创新驱动发展战略，就是要鼓励创新创业，推动产业动能升级，改进产业结构，促进经济供给侧改革，实现经济高质量发展。

财政和金融对一个地区的动能升级的支持体现在产业方面是高技术制造业和战略新兴产业与现代服务业产值的增加，体现在技术方面就是发明专利的增加。因此，本书将战略新兴产业增加值、高技术制造业工业总产值、现代服务业产业增加值、新增发明专利授权数作为考量动能升级的指标。

战略新兴产业是针对发展需求和所需要的技术而设立的，对经济发展具有重大支撑作用的产业，如物联网、光电子材料产业等。战略新兴产业不仅代表科技创新的方向，也代表产业发展的方向，因而其增加值能够衡量战略新兴产业发展状况，从而反映动能升级的状况。

高技术制造业是制造业发展的较高阶段，是工业化后期和后工业化的产物。高技术制造业通常具有高技术和高附加值的特点，部分高技术制造业同时还具有低污染、低排放的特点，因而相比传统制造业更具竞争力，其产业利润也相比传统制造业更高，更符合经济高质量发展的特点，故高技术制造业工业总产值也可较好反映动能升级情况。

如果说战略新兴产业增加值和高技术制造业工业总产值都属于第二产业中能较好测度动能升级的指标，那么现代服务业产业增加值就属于第三产业中能较好测度动能升级的指标。现代服务业是相对于传统服务业而言的、新兴的更适合现代人和现代社会发展需求的服务业，它运用现代的新技术和新业态服务居民，并改变传统居民，是符合创新发展、现代化城市建设的产业。

新增发明专利授权数则用来衡量技术创新的情况，指年度新增的发明和专利数目。新增发明专利授权数越多，则说明该地区创新氛围越好，创新科研能力越强，也越有利于运用在产业并帮助产业转型升级。

综上所述，动能升级可由以下指标表示：

331 战略新兴产业增加值；

332 高技术制造业工业总产值；

333 现代服务业产业增加值；

334 新增发明专利授权数。

（4）对外开放

经济发展是全方位的发展，不仅包括国内产业结构的更迭，也包括国际实力和影响力的提升，而对外开放则是国家或地区主动实行开放型经济，通过发展对外贸易来提高自身在全球价值链和产业链中的地位，提升自身在全球经济活动及其他事务中的话语权，并从贸易往来中获取比较优势，助力国家或地区实现高质量发展。

为了更好体现我国经济发展的质量，在对外开放指标中，主要采用的是我国对外的投资和出口性的指标，即我国对外国的 FDI 规模和出口规模。FDI 是指通过跨境开厂设店或购股达到控股，从而获得对跨境企业的直接经营和拥有权的投资方式，能体现我国的国际地位和国际实力；出口规模是指本国产品向外国出口的规模，能体现我国出口企业发展的质量，也能体现我国对外开放的部分情况。

进出口规模/GDP 则反映我国进出口规模占 GDP 的比重，反映我国进出口企业规模及贸易经济发展情况。其比重越大，则说明对外贸易的规模越大，在全球价值链和产业链中的地位越高，区域及国际经济协调发展越好。

此外，入境人数也能侧面反映我国对外开放的情况。我国经济、政治等综合实力越强，对外开放程度越高，则愿意来我国开展投资、贸易、旅游等事务的外国人数量也越多。因而，入境人数也能较好地反映我国经济发展情况。

综上所述，对外开放可由以下指标表示：

341　FDI 规模；

342　出口规模；

343　进出口规模/GDP；

344　入境人数。

结合前文，构成北京财经指数指标体系框架的各级指标如表 1-1 所示。

表 1-1　北京财经指数指标体系框架

一级指标	二级指标	三级指标	
1　金融支持	11　金融实力	111	各项存款余额
		112	金融机构资产总额
		113	金融机构法人数
		114	上市公司数
	12　支持力度	121	社会融资规模增量
		122	新增贷款
		123	新增债券融资
		124	新增股票融资
	13　可持续性	131	各项贷款余额/各项存款余额
		132	各项贷款余额/GDP
		133	金融业增加值
		134	不良贷款率

续表

一级指标	二级指标	三级指标	
1 金融支持	14 支持效度	141	金融业增加值/GDP
		142	人均新增贷款
		143	企业存款/各项存款余额
		144	技术合同成交额/新增贷款
2 财政支持	21 财政实力	211	一般公共预算收入
		212	土地出让收入
		213	债务收入
		214	政府财力
	22 支持力度	221	一般公共预算总支出
		222	公共性支出
		223	经济性支出
		224	创新类支出
	23 可持续性	231	土地出让收入/一般公共预算收入
		232	税收收入/一般公共预算收入
		233	政府债务余额/GDP
		234	一般公共预算收入/一般公共预算总支出
	24 支持效度	241	一般公共预算收入/GDP
		242	公共性支出/一般预算总支出
		243	人均一般公共预算总支出
		244	R&D 支出占 GDP 比例
3 经济成效	31 增长数量	311	GDP
		312	第三产业占比
		313	GDP 增长率
		314	人均 GDP
	32 增长质量	321	全员劳动生产率
		322	单位 GDP 能耗
		323	PM2.5
		324	人均可支配收入
	33 动能升级	331	战略新兴产业增加值
		332	高技术制造业工业总产值
		333	现代服务业产业增加值
		334	新增发明专利授权数

一级指标	二级指标	三级指标	
3 经济成效	34 对外开放	341	FDI 规模
		342	出口规模
		343	进出口规模/GDP
		344	入境人数

第二章
北京财经指数：结构与方法

本章阐述了财经指数的整体结构和构成方法。财经指数选用层次分析法构建指标体系，共有三级层次，包括 3 个一级指标、12 个二级指标以及 48 个三级指标。本章首先介绍了层次分析法的基本内涵，对财经指数综合评价指数和三个分项指数的意义分别进行了解释；其次给出了财经指数的具体计算方法，包括各级指标的权重、标准化方法，以及指数加权公式；最后介绍了构建财经指数所选取的数据范围和数据来源。

一 北京财经指数的结构

（一）北京财经指数综合评价指数和分项指数

综合各类文献和已有研究，我们选用层次分析法构建财经指数，对北京、上海、广州、深圳、重庆五个城市的财政金融方面对于地区经济发展的支持力度和效度进行度量。

层次分析法是美国运筹学家 T. L. 萨迪（T. L. Saaty）于 20 世纪 70 年代提出的一种将定量和定性分析相结合的决策方法，通过构建递阶层次结构，厘清要素之间的关系，将复杂问题简单化。层次分析法的具体步骤如下。

第一步是构建合适的层次结构。层次分析法通常将与待解决问题有关的因素分解为目标层、准则层和方案层。目标层为最高层，一般只有一个指标，即最终需要解决的问题。准则层可由多个层次组成，每一层次有不同的标准和范围，可以在不同维度进行刻画衡量。方案层为最底层，由可实施的方案、策略组成。

第二步是构造判断矩阵。通常运用专家打分法，依据重要程度给不同的指标打分，然后进行两两比较，由此得到判断矩阵。

第三步为一致性检验。由于专家打分具有一定的主观性，构造出的判断矩阵可能存在差异，因此需要对判断矩阵进行一致性检验。

第四步为运算得到各层次指标相对于总指标的权重值。

本书共使用了三级层次指标构建财经指数指标体系，包括 3 个一级指标、12 个二级指标以及 48 个三级指标。

1. 财经指数综合指数

财经指数综合指数是用于描述财政、金融和自身经济状况对于地方经济发展的支持力度及效果的综合指标。综合指数越大，说明地方财政、金融和自身经济状况对于地区发展的支持力度越大；综合指数较小，则说明其对于该地区发展的支持力度较小，需要优化市场结构和财政政策。

在不同评估时段，综合指数的数值变化能够反映该地区财经指数的变动情况以及发展趋势。在同一评估时段内，不同地区的综合指数可以进行横向比较，以反映不同地区的财经指数情况，并进一步解释区域发展差异。

2. 财经指数分项指数

财经指数分项指数共包括金融支持、财政支持和经济成效三个指数，分别用于度量这三个方面对地区经济发展的支持程度。

金融支持分项指数由金融实力、支持力度、可持续性、支持效度四个二级指标构成，反映在特定评估时间段，该地区的金融市场所提供的支持力度，例如金融实力强劲所吸引的资金人才流入，金融市场所提供的融资借贷服务，或者是金融业自身发展所带动的相关第三产业的发展。金融支持指数越大，说明该地区金融市场提供的支持越有力。

财政支持分项指数由财政实力、支持力度、可持续性、支持效度四个二级指标构成，反映在特定评估时间段，地方财政给予经济发展的支持程度。例如，财政扶持可以使部分产业急速发展，改善产业结构；较强的财政可持续性可以优化地区发展结构，提升后续发展动力；较强的财政实力和财政支持效度可以提升居民生活质量，吸引人才，助力地区发展。财政支持指数越大，说明地方财政给予的支持力度越大。

经济成效分项指数由增长数量、增长质量、动能升级、对外开放四个二级指标构成，反映在特定评估时间段，地区自身的发展实力和动力对于经济发展的作用。例如，地区经济实力较强从而吸引企业入驻，促进发展；

地区经济发展结构较好，内生增长动力较强，带动地区经济持续增长；地区开放程度较高，吸引大量海外资金和人才流入，提升地区经济活力，促进发展。经济成效指数越高，说明该地区经济发展的内生增长力越强，能够更好地促进经济持续增长。

财经指数分项指数可以更准确地刻画不同来源的经济发展支持力度，并能够通过横纵向分析，得出各地区的优势与不足，为政策制定提供现实依据。通过横向比较，可以分析不同城市各自的优势领域以及值得加强的方面，并对其他城市的发展经验进行吸收借鉴。通过纵向比较，城市自身不同方面的发展情况和趋势会显现得更加清晰，可以有效规避过去发展过程中出现的问题，寻求合适的未来发展方向。

（二）几个关键问题

财经指数衡量的是来自财政、金融和经济状况的支持程度，涉及社会运行的方方面面，是一个复杂的有机系统。其中包括的因素繁多，且各个因素之间相互联系、相互影响。因此，在设计财经指数时，需要注意以下两个关键问题。

1. 指标的选择和指标体系的建立

选择有代表性的指标和合适的层次是保证指数的准确性和合理性的基础。解释指标应当符合互补性、动态化、可持续性等基础原则，既要能刻画经济运行中的重要特征，又要能保证数据的准确度。低层级的指标应从不同的角度表现财政支持、金融支持以及经济成效三个方面对于地区经济发展的支持程度，并且可以进一步反映市场制度或发展模式的优势或问题。

多层级的指标可以在不同层次上反映对经济发展的支持情况。层级过少可能会使分类太过模糊，而层级过多则可能导致指标体系过于烦琐，这都会使我们难以发现最突出的问题。合适的层级设置有利于精确定位发展中的问题，并可以逐步向下追溯，发现核心问题。这有利于后续的问题解决以及政策制定。

2. 确定各级指标的权重

本章构建的财经指数指标体系共有四个层级，上一层级的指数由下一层级的指数加权求和得到。从三级指标出发，依次向上叠加，最终得到财经指数综合评价指数。不同指标在经济运行过程中发挥着各自的作用，每个指标的权重衡量着其对于经济发展的重要程度。权重设置的差异会导致研究结果的不同。因此，确定每一层级各指标的权重是科学合理地构建财经指数的关键问题。

二　北京财经指数构造方法

（一）权重确定

本章采用层次分析法和专家打分法构建财经指数。在构建好合适的层次结构后，采用专家打分法，对各级指标的重要程度进行两两比较，形成判断矩阵，并计算得出各级指标权重，如图 2 - 1 所示。

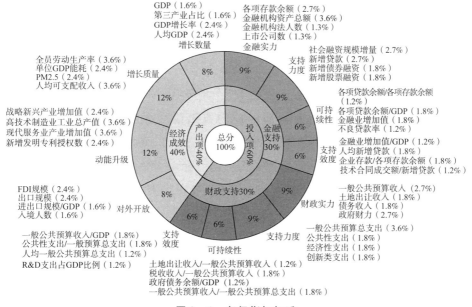

图 2 - 1　各级指标权重

（二）标准化处理

为更好地研究北京财经指数发展情况和变化，需要将特定考评年份的指数进行横向、纵向分析。因此，需要先对各年份、各地区的三级指标进行标准化处理。

我们选取 2014 年北京的各项指标为基期，设定其值为 100。然后计算出其他年份及地区的指标实际值与基期值的比值，并乘以 100，便得到标准化后的各指标值。具体计算公式如下：

$$P_{it} = \frac{y_{it}}{y_{bj2014}} \times 100$$

其中，y_{it} 为 i 城市某指标在 t 年的实际值，y_{bj2014} 为某指标 2014 年北京的实际值，P_{it} 为标准化后的指标值，其中，$i = bj$，sh，gz，sz，cq，$t = 2014$，$\cdots$，2019。

（三）指数合成

本章采用指数加权法对低层级的指数进行综合加总，得到高层级指数。指数加权法的公式为：

$$S_i = \sum P_{ij} \times W_{ij}$$

其中，S_i 代表第 i 个指数，P_{ij} 是第 i 个指数第 j 项基础指标经过标准化处理后的值，W_{ij} 为该项基础指标所对应的权重值。财经指数具体计算步骤如下：

第一步：以 2014 年北京数据作为基期，对 48 个三级指标进行标准化处理，作为三级指标的测评值，对其进行不同年份、不同地区的对比分析；

第二步：运用公式 $S_i = \sum P_{ij} \times W_{ij}$，计算得到 12 个二级指标。此时 i 表示二级指标（$i = 1$，$\cdots$，12），j 表示每个二级指标下的三级指标（$j = 1$，2，3，4）[①]；

第三步：在二级指标得分基础上运用公式 $S_i = \sum P_{ij} \times W_{ij}$，计算得到 3 个一级指标。此时 i 表示一级指标（$i = 1$，2，3），j 表示每个一级指标下的二级指标（$j = 1$，2，3，4）[②]；

---

① 由三级指标的测评值计算得到二级指标测评值，在本书中也作为二级指数。
② 由二级指标测评值计算得到的一级指标测评值，作为本书分项指数。

第四步：在一级指标基础上，运用公式 $S_i = \sum P_{ij} \times W_{ij}$，计算得到财经指数。此时 i 表示财经指数 $(i=1)$，j 表示一级指标 $(j=1, 2, 3)$。

三 数据范围及来源

（一）数据范围

鉴于纵向分析和横向比较的需要，本书对构建财经指数所选取的时间和空间范围进行说明。本章选取 2014 ~ 2019 年的数据作为研究样本，时间跨度为六年。一方面，足够长的时间跨度有利于观察变化趋势和政策效果，从而进行纵向分析。另一方面，为了保证数据的时效性和统计口径的一致性，本书没有选择更为久远的数据，而是选择了自 2014 年开始的数据。

在研究分析中，可以通过与其他城市的横向比较，更清楚地认识北京的发展状况，并为后续发展提供借鉴和改善方向。考虑到数据的易得性、准确性和城市样本的代表性，在北京之外，本章选取了三个一线城市——上海、广州、深圳，以及一个直辖市——重庆进行研究。五大城市的选择能够较好地反映不同发展结构和不同发展阶段的城市的成长状况，有利于进行横向比较，也可以为其他城市的发展规划提供参考。

（二）数据来源

本章所使用的数据可分为两类，一类是直接采用《中国统计年鉴》《北京统计年鉴》《地区金融运行报告》《政府一般公共预算收入决算情况表》等权威性年鉴以及《国民经济和社会发展统计公报》等政府公开发布的相关年度数据；另一类是将年度数据进行一定的计算所得到的指标数据。具体各项数据来源如表 2 - 1 所示。

表 2 - 1 各项数据来源

数据名称	数据来源
各项存款余额	各城市统计年鉴
金融机构资产总额	金融运行报告

续表

数据名称	数据来源
金融机构法人数	金融运行报告
上市公司数	金融运行报告
社会融资规模增量	金融运行报告
新增贷款	金融运行报告
新增债券融资	金融运行报告
新增股票融资	金融运行报告
各项贷款余额/各项存款余额	各城市统计年鉴
各项贷款余额/GDP	各城市统计年鉴
金融业增加值	各城市统计年鉴
不良贷款率	金融运行报告
金融业增加值/GDP	各城市统计年鉴
人均新增贷款	金融运行报告
企业存款/各项存款余额	各城市统计年鉴
技术合同成交额/新增贷款	各城市统计年鉴
一般公共预算收入	一般公共预算收入决算情况表
土地出让收入	政府性基金收入决算情况表
债务收入	政府性基金收入决算情况表
政府财力	一般公共预算收入决算情况表、政府性基金收入 决算情况表、国有资本经营收入决算表
一般公共预算总支出	一般公共预算支出决算情况表
公共性支出	一般公共预算支出决算情况表
经济性支出	一般公共预算支出决算情况表
创新类支出	一般公共预算支出决算情况表
土地出让收入/一般公共预算收入	政府性基金收入决算情况表、 一般公共预算收入决算情况表
税收收入/一般公共预算收入	政府性基金收入决算情况表、 一般公共预算收入决算情况表
政府债务余额/GDP	地方政府债务相关情况表
一般公共预算收入/一般公共预算总支出	一般公共预算收入、支出决算情况表
一般公共预算收入/GDP	一般公共预算收入决算情况表
公共性支出/一般预算总支出	一般公共预算支出决算情况表
人均一般公共预算总支出	一般公共预算支出决算情况表

续表

数据名称	数据来源
R&D 支出占 GDP 比例	各城市统计年鉴
GDP	各城市统计年鉴
第三产业占比	各城市统计年鉴
GDP 增长率	各城市统计年鉴
人均 GDP	各城市统计年鉴
全员劳动生产率	各城市统计年鉴
单位 GDP 能耗	各城市统计年鉴
PM2.5	各城市统计年鉴
人均可支配收入	各城市统计年鉴
战略新兴产业增加值	各城市统计年鉴
高技术制造业工业总产值	各城市统计年鉴
现代服务业产业增加值	各城市统计年鉴
新增发明专利授权数	各城市统计年鉴
FDI 规模	各城市统计年鉴
出口规模	各城市统计年鉴
进出口规模/GDP	各城市统计年鉴
入境人数	各城市统计年鉴

第三章
北京财经指数：现状与趋势

本章对 2014～2019 年北京财经指数进行测度和分析。从分析结果可以看出，北京财经指数综合指数不断上升，反映了北京财经发展水平总体保持良好的态势，尤其是 2017 年以来综合指数的持续上升，表明北京财经发展后劲较足。北京财政支持分项指数的变动趋势表明，北京财政实力显著提高、支持力度平稳增大、可持续性有待提升、支持效度逐年提高。北京金融支持分项指数变动趋势表明，北京金融实力显著提高、支持力度稳定性不足、可持续性在波动中提高、支持效度呈现恢复性上升态势。北京经济成效分项指数的变动趋势表明，北京经济增长数量持续扩大、增长质量明显提高、动能升级成果显著、对外开放进入转折期。

一 北京财经指数综合分析

（一）北京财经指数综合指数

北京财经指数由两个层次构成，第一个层次是北京财经指数综合指数（简称"综合指数"），是由综合影响北京经济发展的投入和产出的各项因素而形成的，用于反映北京经济发展总体情况的指标。

根据测算，2019 年报告年度，北京财经指数综合指数为 149，较 2014 年基期增长了 49，增长率达到 49%；较 2015 年和 2016 年报告期均增长了 32，增长率均达 27.4%；较 2017 年报告期增长了 20，增长率达到 15.5%；较 2018 年报告期增长了 13，增长率达到 9.6%（见图 3 – 1）。

2014～2019 年，综合指数呈逐年上升趋势，2019 年综合指数水平已达到 2014 年的 1.49 倍。2014～2019 年综合指数平均值为 125，自 2017 年起，综合指数开始超过平均值。综合指数增长速度虽有较大波动，但整体增长

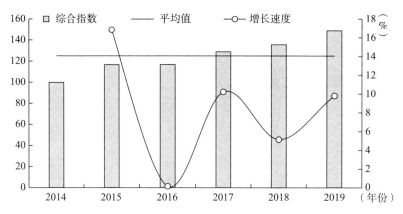

图 3-1 2014~2019 年北京财经指数综合指数及增长速度

速度呈减小趋势，最终由 2015 年的 17% 减小至 2019 年的 9.6%。最低增长率和最高增长率相差近 17 个百分点。其中 2015 年增长速度最大，达 17%，2016 年增长速度最小，为 0.15%。2014~2019 年平均增长率为 8.30%。2015 年综合指数增速显著高于平均水平，超过平均增长率约 9 个百分点，2016 年综合指数增速显著低于平均水平，低了约 8 个百分点。自 2017 年起，财经综合指数增速逐渐趋于稳定，2017~2019 年增长率在 5% 至 11% 之间浮动，与平均增长率的差值均在 4 个百分点内。

（二）北京财经指数分项指数

北京财经指数的第二个层次是北京财经指数分项指数（简称"分项指数"），分项指数由财政支持分项指数、金融支持分项指数和经济成效分项指数构成，分别评价了财政支持实体经济的情况、金融支持实体经济的情况和实体经济的发展成效。2019 年报告年度，财政支持分项指数对综合指数的贡献值为 50，贡献度为 33%；金融支持分项指数为 39，贡献度为 26%；经济成效分项指数为 61，贡献度为 41%（见图 3-2）。

财政支持分项指数对综合指数的贡献值 2019 年报告期较 2014 年基期（30）增长了 20，涨幅达 66.7%；较 2015 年（41）增长了 9，涨幅达 22.0%；较 2016 年（38）增长了 12，涨幅达 31.6%；较 2017 年（42）增长了 8，涨幅达 19.0%；较 2018 年（43）增长了 7，涨幅达 16.3%。财政支持分项指数对综合指数的贡献值在 2016 年出现过短暂下降，降幅达到 7.3%。从

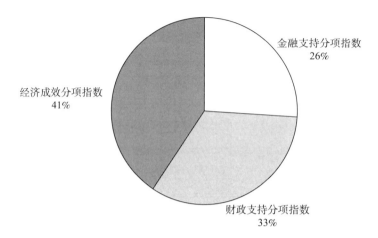

图 3 - 2 2019 年北京财经指数分项指数构成

构成财政支持分项指数的测评值来看，2019 年财政支持指标测评值为 166，较 2014 年增长了 66%。2014~2019 年，财政支持指标测评值呈波动上升趋势，除 2016 年出现负增长，其他年份财政支持指标测评值均有所上升。2019 年财政支持指标测评值是 2014 年的 1.66 倍。2014~2019 年财政支持指标测评值平均值为 135.3，自 2015 年起，除 2016 年出现短暂下降，其他年份均高于平均值（见图 3 -3、图 3 -4、图 3 -5）。

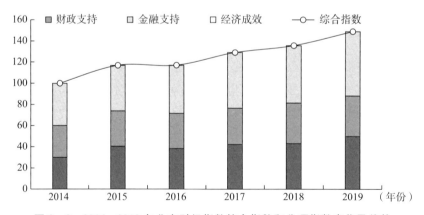

图 3 - 3 2014~2019 年北京财经指数综合指数和分项指数变化及趋势

金融支持分项指数对综合指数的贡献值 2019 年报告期较 2014 年基期（30）增长了 9，涨幅达 30.0%；较 2015 年（34）增长了 5，涨幅达 14.7%；较 2016 年（33）增长了 6，涨幅达 18.2%；较 2017 年（35）增长了 4，涨

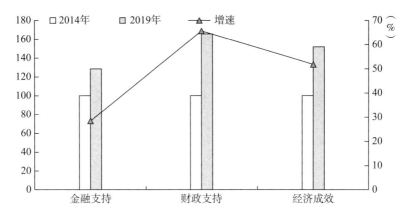

图 3 - 4 2019 年较 2014 年北京财经指数分项指数变动和增速

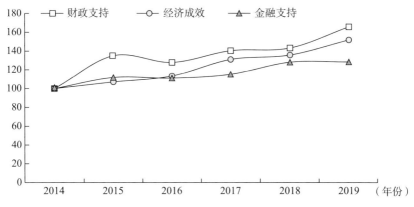

图 3 - 5 2014 ~ 2019 年北京财经指数分项指数变化趋势

幅达 11.4%；较 2018 年（38）增长了 1，涨幅达 2.6%。金融支持分项指数对综合指数的贡献值在 2016 年出现过短暂下降，降幅达到 2.9%。2019年，北京市金融支持指标测评值为 128，较 2014 年增长了 28%。2014 ~ 2019 年，金融支持指标测评值呈小幅上升趋势，除 2016 年出现负增长，其他年份均有所上升。2019 年金融支持指标测评值水平为 2014 年的 1.28 倍。2014 ~ 2019 年金融支持指标测评值平均值为 115.7，从 2017 年起，金融支持指标测评值开始高于其平均值。

经济成效分项指数 2019 年报告期较 2014 年基期（40）增长了 21，涨幅达 52.5%；较 2015 年（43）增长了 18，涨幅达 41.9%；较 2016 年（45）增长了 16，涨幅达 35.6%；较 2017 年（52）增长了 9，涨幅达 17.3%；较

2018 年（54）增长了 7，涨幅达 13.0%。2019 年，北京市经济成效指标测评值为 152，较 2014 年增长了 52%，增幅较大。2014～2019 年，经济成效指标测评值呈持续上升趋势。2019 年经济成效指标测评值水平已达到 2014 年的 1.52 倍。2014～2019 年经济成效指标测评值的平均值为 123.2，从 2017 年起，经济成效指标测评值开始超过其平均值。

总体来看，财政支持指标测评值增加幅度最大，经济成效指标测评值次之，金融支持指标测评值增加幅度最小。其中财政支持指标测评值由 100 增加到 166，平均增长率为 10.67%；金融支持指标测评值由 100 增加到 128，平均增长率为 5.06%；经济成效指标测评值由 100 增加到 152，平均增长率为 8.73%（见图 3－6）。

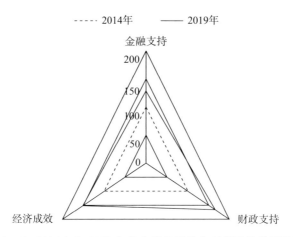

图 3－6　2014 年和 2019 年北京财经指数分项指数比较雷达图

财政支持分项指数增长最为明显，且对综合指数的贡献度不断提升，由 2014 年的 30% 上升到 2019 年的 33%，其间一度达到 35%，说明财政对于实体经济的支持效果在不断提升。总体来看，金融支持分项指数变化较为平稳，增速趋缓，且在综合指数中的贡献度持续下降，由 2014 年基期的 30% 降至 2019 年的 26%。经济成效分项指数增长持续且稳健，除 2015 年和 2016 年对综合指数贡献度降至 40% 以下外，其余年份均保持在 40% 以上（见图 3－7）。可以看出，北京财经指数分项指数在 5 年的发展中已经产生了分化，金融支持分项指数对于综合指数的贡献度最低，在某种程度上，财政支持和金融支持呈现此消彼长的态势，同时，过度的财政支持在一定程度上会遏制经济成效的增长。

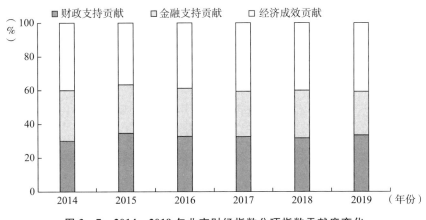

图 3－7　2014～2019 年北京财经指数分项指数贡献度变化

二　财政支持分项指数

（一）财政支持分项指数的变化趋势分析

2014～2019 年，财政支持指标测评值由 100 增加到 166，平均增长率为 10.67%，财政支持分项指数呈波动上升趋势，整体增长速度呈减小趋势。值得注意的是，2015 年的财政支持指标测评值为 135，出现了较大增长，较 2014 年增长 35.00%，且显著高于平均水平，超过平均增长率约 24 个百分点。2016 年财政支持指标测评值下降为 128，较 2015 年下降 5.19%，是历年最低增速，且低于平均水平约 16 个百分点。2017 年财政支持指标测评值增长 9.38%，反超 2015 年的高点，达到 140。2019 年财政支持指标测评值增长率再次取得较大提升，达到 166，较 2018 年增长 15.70%（见图 3－8）。

2016 年，北京财政支持分项指数出现下滑，与营改增的全面推进有一定关系。首先，为了保障疏解非首都功能、京津冀协同发展、筹备冬奥会等，财政支出需求增大。其次，自 2016 年 5 月起，北京全面推开营改增试点，将建筑业、房地产业、金融业、生活服务业全部纳入试点。营改增打通了增值税抵扣链条，消除了重复征税，优化了税制结构，直接减轻了纳税人负担，为北京市经济发展创造了更好的税制环境。但在短期也带来政

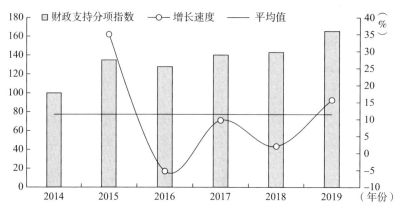

图3-8　2014～2019年北京市财政支持分项指数水平及增长速度

策性减收，给财政增收造成了一定压力，财政收支缺口扩大。

　　2018年起，北京积极落实一系列财政政策，助力企业发展，改善营商环境，财政支持分项指数由此在2018～2019年得到大幅上升。第一，减税降费，助力企业发展。2018年，北京市积极落实减税降费政策，降低增值税税率，统一小规模纳税人标准，扩大企业所得税、印花税优惠，实施个人所得税改革等，共减轻企业和社会税费负担约400亿元。2019年按照中央部署，北京市实施了更大规模的减税降费，以更大力度降低企业成本。第二，出台"9＋N"政策，优化营商环境。2018年，北京市出台"9＋N"（九项主要政策和N项配套措施）系列政策措施。2019年，北京"9＋N"政策推出2.0升级版，坚持问题导向，从"简流程、优服务、降成本、强监管"四个方面，进一步解决营商环境痛点难点问题。第三，完善绩效管理政策，提高管理效率。2018年3月，北京市财政局起草《关于北京市全面实施财政预算绩效管理的意见（征求意见稿）》，推动绩效管理范围覆盖到各级预算部门和所有财政资金，同时创新绩效管理模式，绩效管理时点由"事后"向"事前"转移。2019年7月，北京市委、市政府印发了《关于全面实施预算绩效管理的实施意见》，提出加快建成全方位格局、全过程闭环、全范围覆盖、全成本核算、多主体联动的预算绩效管理体系，实现预算和绩效管理一体化。

（二）财政支持分项指数的构成分析

财政支持分项指数由财政实力、财政支持力度、财政可持续性、财政支持效度四个二级指标构成。财政实力指数对财政支持分项指数的贡献值最高，财政支持力度指数和财政支持效度指数的贡献值次之，财政可持续性指数的贡献值最小。2019 年，财政实力测评值达到 273，贡献值为 82，贡献度为 49.4%；财政支持力度测评值达到 138，贡献值为 41，贡献度为 24.7%；财政可持续性测评值达到 93，贡献值为 19，贡献度为 11.4%；财政支持效度测评值达到 119，贡献值为 24，贡献度为 14.5%（见图 3 - 9）。

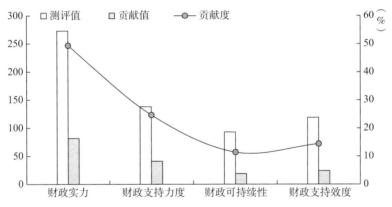

图 3 - 9 2019 年财政支持各二级指标的测评值、贡献值和贡献度

1. 财政实力显著提升

2019 年，财政实力测评值达到 273，较 2014 年提高了 1.73 倍。虽然在 2016 年由 2015 年的 197 降至 162，但在 2017 年重新进入上升通道，并在 2019 年创新高。财政实力的贡献值在四个二级指标中增长幅度最大，呈现波动上升趋势。2019 年财政实力贡献值达到 82，是 2014 年的 2.7 倍。2015 年和 2019 年是财政实力指数贡献值增长幅度最大的两年，分别增长了 97% 和 41%。2016 年和 2018 年财政实力指数贡献值出现小幅下降，分别较上一年降低了 18% 和 2%。财政实力的贡献值的变动对财政支持水平十分重要，2016 年财政实力的贡献值大幅下降，即使其他三个指数贡献值都略有增长，但财政支持分项指数仍然出现了下降。2019 年财政实力贡献值的大幅增长带来了财政支持分项指数的较快增长。从贡献度来看，2019 年财政实力对财政支持的贡献度达到 49.4%，比 2014 年的 30% 提高了 19.4 个百分点（见图 3-10 至图 3-13）。

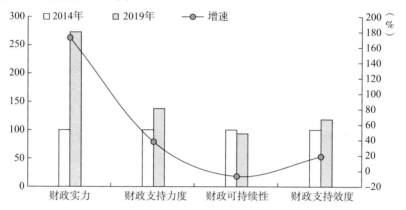

图 3-10　2019 年较 2014 年财政支持各二级指标测评值的变动和增速

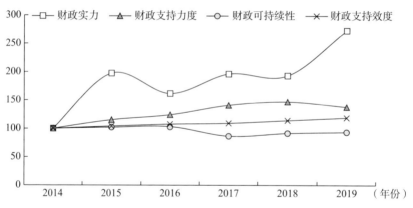

图 3-11　2014～2019 年财政支持各二级指标测评值的变化趋势

2. 财政支持力度平稳增大

2019 年，财政支持力度测评值为 138，较 2014 年提高了 0.38 倍。2014～2018 年，财政支持力度保持平稳上升，值得注意的是，2019 年财政支持力度出现首次下滑，由 2018 年的 147 降至 138，降低了 6.1%。财政支持力度贡献值的变化幅度较小，2019 年财政支持力度贡献值为 41，是 2014 年的 1.37 倍。除 2019 年外，其余各年财政支持力度贡献值均有所上升，其中 2015 年贡献值的增幅最大，由 2014 年的 30 增长到 35，增长了 16.7%。从贡献度来看，财政支持力度对财政支持的贡献度出现小幅下降，2019 年财

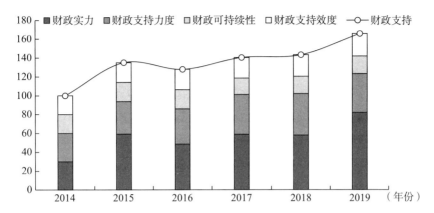

图 3 - 12 2014～2019 年财政支持各二级指标贡献值的变动趋势

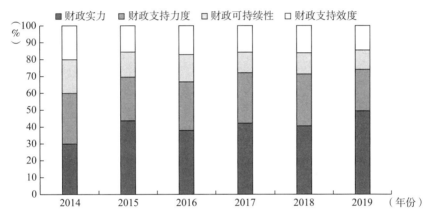

图 3 - 13 2014～2019 年财政支持各二级指标贡献度的变化趋势

政支持力度对财政支持的贡献度为 25.0%，较 2014 年下降了 5 个百分点，仅约为财政实力贡献度的一半。

3. 财政可持续性有待提升

2019 年，财政可持续性测评值为 93，较 2014 年下降了 7%。2014～2016 年，财政可持续性稳步上升至 103，但在 2017 年，财政可持续性下降至 87，较 2016 年降低了 15.5%，虽然 2018 年和 2019 年连续两年出现了小幅回升，2019 年达到了 93，但仍未回到基期水平。2019 年，财政可持续性贡献值为 19，在四个二级指标中贡献值最低。从贡献度来看，2019 年，财政可持续性对财政支持的贡献度最低，为 11.4%，较 2014 年下降了近 9 个百分点。财政可持续性目前处于较低水平，有待进一步提升。

4. 财政支持效度逐年提高

2019 年，财政支持效度测评值为 119，较 2014 年提高了 19%。2014 ~ 2019 年，财政支持效度稳步提升，虽速度缓慢，但增长持续稳定，增速保持在 4% 左右。财政支持效度的贡献值逐年上升，2019 年达到 24。从贡献度来看，财政支持效度的贡献度呈下降趋势，从 2014 年的 20.0% 下降到 2019 年的 14.5%，降低了 5.5 个百分点。2019 年财政支持效度贡献度不到财政实力贡献度的 1/3。

2014 ~ 2019 年，财政实力测评值增长幅度最大，财政支持力度和财政支持效度次之，财政可持续性增长幅度最小。其中财政实力测评值由 100 增长到 273，平均增长率为 22.25%；财政支持力度由 100 增长到 138，平均增长率为 6.65%；财政支持效度由 100 增长到 119，平均增长率为 3.54%；财政可持续性由 100 降低到 93，平均增长率为 - 1.44%（见图 3 - 14）。

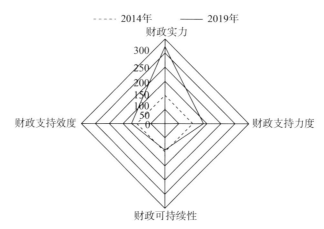

图 3 - 14　2014 年和 2019 年财政支持各二级指标测评值比较雷达图

三　金融支持分项指数

（一）金融支持分项指数的变化趋势分析

2014 ~ 2019 年，金融支持指标测评值由 100 增加到 128，增长了 28%，平均增长率为 5.06%。2014 ~ 2019 年，金融支持指数呈波动上升趋势，增长速度波动较大，除 2016 年出现负增长，其他年份金融支持指数均有所上升。2019 年金融支持指数测评值已达到 2014 年的 1.28 倍。2014～2019 年金融支持指数测评值平均值为 115.7，从 2017 年起，金融支持指数测评值开始高于其平均值。值得注意的是，2015 年金融支持指数测评值为 112，较 2014 年提高了 12.00%，出现了历年最大增速，显著高于平均水平，超过平均增长率约 7 个百分点。2016 年金融支持指数测评值出现历年唯一的负增长，下降为 111，较 2015 年下降 0.89%，低于平均增长率约 6 个百分点。2018 年出现大幅回升，增长至 128，增速达 11.27%。2019 年增长趋势放缓，金融支持指数测评值与 2018 年水平一致（见图 3-15）。

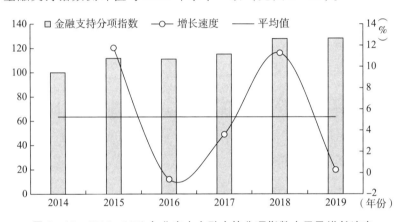

图 3-15　2014～2019 年北京市金融支持分项指数水平及增长速度

2016 年是北京市互联网金融业迎来全面调整的一年，互联网金融监管细则陆续出台，行业经历了"洗牌"与重构。受到互联网金融业结构调整的影响，北京市金融支持指数出现短暂下滑，从 2015 年的 112 下降至 2016 年的 111。从 2014 年开始，互联网金融逐渐发展，但由于缺乏相应的管理条例，逐渐出现了非法集资、诈骗、自融等行业乱象。2016 年 5 月，为了规范各类互联网金融业态，优化金融生态环境，北京市出台了《北京市互联网金融风险专项整治工作实施方案》，重点整治 P2P 网络借贷、股权众筹业务、互联网保险、第三方支付业务，以及通过互联网开展资产管理及跨界从事金融业务等领域。

2018 年，北京市积极落实稳健中性的货币政策，不断提升金融服务和管理水平，促进金融业高质量发展，金融支持分项指数由此大幅上升，达到峰值 128，较 2017 年增长 11.27%。第一，优化营商环境，持续深化民营和小微企业金融服务。2018 年 5 月，北京市出台了《北京市人民政府办公厅关于进一步支持企业上市发展的意见》，创新实践出以六大机制为抓手的推动企业上市发展工作体系，在办公用房、人才引进等方面给予支持，推动企业上市。此外，北京市加大再贴现对小微、民营、高新、绿色企业的支持力度，通过普惠金融帮助小微企业贷款。第二，引导金融科技业态创新，有效应对金融科技风险挑战。2018 年 10 月，北京市出台《关于首都金融科技创新发展的指导意见》，包括支持金融科技技术研发、基础设施建设、加强金融科技场景应用、建设金融科技示范区、防控金融科技风险等十一个方面重要工作举措，有助于金融科技更好服务实体经济。第三，加大构建绿色金融体系力度。2017 年 9 月，北京市出台《关于构建首都绿色金融体系的实施办法》，提出首都站位、地方特色、政府引导、鼓励创新和优化环境五大特色，促进金融业高质量发展。第四，加强重点领域风险防范，探索长效机制建设。探索创建北京市金融监管协调和风险处置"双机制"。2018 年北京个人住房贷款同比少增，居民家庭杠杆率进一步降低。互联网金融领域风险呈收敛态势。

（二）金融支持分项指数的构成分析

金融支持分项指数由金融实力、金融支持力度、金融可持续性、金融支持效度四个二级指标构成。2019 年，金融实力指数对金融支持分项指数的贡献值最高，金融支持力度指数和金融可持续性指数的贡献值次之，金融支持效度指数的贡献值最小。2019 年，金融实力测评值达到 167，贡献值为 50，贡献度为 38.9%；金融支持力度测评值达到 120，贡献值为 36，贡献度为 28.1%；金融可持续性测评值达到 113，贡献值为 23，贡献度为 17.6%；金融支持效度测评值为 99，贡献值为 20，贡献度为 15.4%（见图 3 - 16）。

1. 金融实力显著增强

2019 年，金融实力测评值达到 167，较 2014 年增长了 67%。2015 年金融实力的增长幅度最大，由 2014 年的 100 增长到 124，增长了 24%，随后几年增长态势稳定，增长率保持在 8% 左右。2014～2019 年，金融实力对金融支持的贡献值稳步增长，由 2014 年的 30 上升至 2019 年的 50，增长了66.7%。金融实力的贡献值的变动对金融支持水平十分重要。2015 年，虽

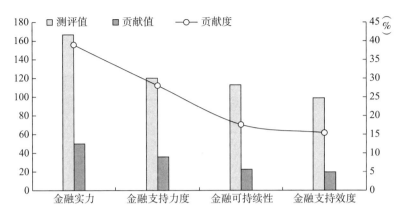

图 3 - 16　2019 年金融支持各二级指标的测评值、贡献值和贡献度

然金融可持续性和金融支持效度的贡献值都有一定下滑，但同时金融实力和金融支持力度的贡献值呈大幅上升，最终带来了金融支持分项指数的较快增长。从贡献度来看，金融实力对金融支持的贡献度最高，呈稳步上升趋势，由 2014 年的 30% 逐渐增长到 2019 年的 38.9%，增长了近 9 个百分点（见图 3 - 17 至图 3 - 20，下同）。

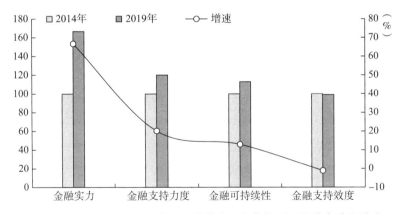

图 3 - 17　2019 年较 2014 年金融支持各二级指标测评值的变动和增速

2. 金融支持力度稳定性不足

2019 年金融支持力度测评值为 120，较 2014 年增长了 20%。2014 ~ 2019 年，金融支持力度的波动较大，增长态势并不稳定，其中三年甚至出现负增长。2015 年增长显著，增长率高达 31%，但 2016 年和 2017 年连续两年出现负增长，直至下降为 2017 年的 103，继 2018 年短暂上升至 130，2019 年

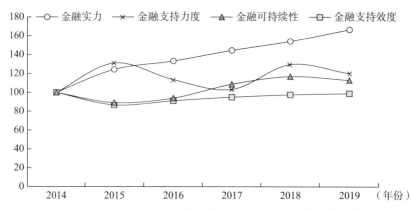

图3-18　2014～2019年金融支持各二级指标测评值的变化趋势

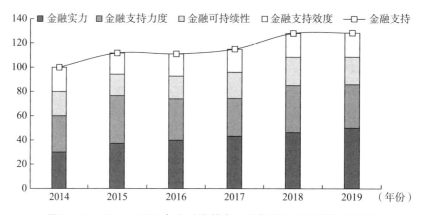

图3-19　2014～2019年金融支持各二级指标贡献值的变动趋势

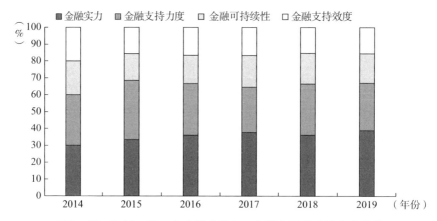

图3-20　2014～2019年金融支持各二级指标贡献度的变化趋势

又一次出现负增长，降至120。2014～2019年，金融支持力度对金融支持的贡献值同样处于波动之中，2016年、2017年和2019年出现负增长，其中2016年的下降幅度最大，为12.8%，最终2019年贡献值为36，是2014年的1.2倍。金融支持力度的贡献值的变动对于金融支持水平同样十分重要。2016年，金融支持分项指数贡献值出现六年内唯一的负增长，原因在于虽然金融实力、金融可持续性和金融支持效度都有小幅上升，但仍难以抵消金融支持力度指数的大幅下降，最终使得金融支持分项指数下降。从贡献度来看，2014～2019年，金融支持力度对金融支持的贡献度在30%上下浮动，2019年，金融支持力度对金融支持的贡献度为28.1%，较2014年下降了近2个百分点。

3. 金融可持续性在波动中提高

2019年金融可持续性测评值为113，较2014年增长了13%。整体来看，金融可持续性呈现波动上升趋势。金融可持续性在2015年出现负增长，下降至89，其后3年进入上升通道，保持稳定增长，2018年达到117。虽然2019年又一次出现小幅下滑，下降至113，但金融可持续性已较2014年增长了13%，超越了基期水平。金融可持续性指数贡献值的增长速度也随之呈现较大波动，2014～2019年，最高增速和最低增速相差约26个百分点。其中2017年增速最高，达15.79%，2015年增速最低，为－10.00%。2019年金融可持续性的贡献值为23，为2014年的1.15倍。从贡献度来看，2014～2019年，金融可持续性对金融支持的贡献度在波动中下降。2014年金融可持续性的贡献度为20%，2015年下降至16%。此后再也没有回到2014年的水平，虽然在2017年回升至18.9%，但2019年再次下降至17.6%。

4. 金融支持效度恢复性上升

2019年金融支持效度测评值为99，与2014年的基期水平相近。虽然在2015年由100下降至87，但从2016年开始出现持续的小幅回升，直至上升至2019年的99，逐渐恢复至基期水平。金融支持效度的贡献值同样呈恢复性回升态势，在2015年下降至17后，贡献值逐年回升至2019年的20，与2014年持平。从贡献度来看，2014～2019年，金融支持效度对金融支持的贡献度稳步下降。2015年，贡献度由20.0%下降至15.5%，降低了4.5个百分点，从2016年开始，贡献度始终保持在16%左右，最终2019年贡献度为15.4%，在四个二级指标中贡献度最低。

2014～2019 年，金融实力测评值增长幅度最大，金融支持力度和金融可持续性次之，金融支持效度增长幅度最小。其中金融实力测评值由 100 增长到 167，平均增长率为 10.80%；金融支持力度由 100 增长到 120，平均增长率为 3.71%；金融可持续性由 100 增长到 113，平均增长率为 2.47%；金融支持效度由 100 降低到 99，平均增长率为 - 0.20%（见图 3 - 21）。

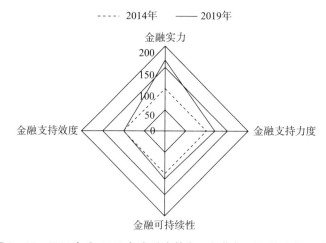

图 3 - 21　2014 年和 2019 年金融支持各二级指标测评值比较雷达图

四　经济成效分项指数

（一）经济成效分项指数的变化趋势分析

2014～2019 年，经济成效指标测评值呈持续上升趋势，由 100 增长到 152，整体增长速度波动较大，平均增长率为 8.73%。2019 年经济成效指标测评值已达到 2014 年的 1.52 倍。2014～2019 年经济成效指标测评值的平均值为 123.2，从 2017 年起，经济成效指标测评值开始高于其平均值。虽然经济成效指标测评值变动幅度波动较大，但始终呈现正增长。2017 年增长速度最大，达 15.56%，显著高于平均值，超过平均增长率近 7 个百分点。2018 年增长速度最小，为 3.60%，低于平均增长率约 5 个百分点。值得注意的是，从 2017 年起，经济成效指标测评值的增速波动逐渐增大，波动幅度最高达 12 个百分点。2019 年，经济成效指标测评值的增长率再次取得较大提升，达 11.76%，由 136 增加到 152（见图 3 - 22）。

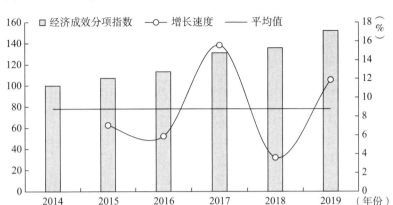

图 3 - 22　2014～2019 年北京市经济成效分项指数及增长速度

2017 年北京市经济成效分项指数出现大幅上升，这与北京市积极出台相关产业发展政策密不可分。

第一，促进传统优势产业智能化发展。2017 年 5 月，北京市出台《"智造 100"工程实施方案》，组织实施智能制造应用示范项目，打造智能制造标杆企业。2017 年 9 月，北京制造业创新发展领导小组下发《北京市推进两化深度融合推动制造业与互联网融合发展行动计划》，通过组织实施生产模式转型行动，大力普及、发展智能制造和绿色制造，大力推广网络化生产新模式，创建制造业转型新路径。

第二，促进中关村升级，加快科技成果转化。2016 年 11 月，北京市出台《北京市促进科技成果转移转化行动方案》，以推动科技成果转化为现实生产力，加强全国科技创新中心建设，为首都经济持续健康发展提供有力支撑。2017 年，北京市大力推进中关村"1 + 4"资金政策体系建设，分别下发《中关村国家自主创新示范区促进科技金融深度融合创新发展支持资金管理办法》和《中关村人工智能产业培育行动计划（2017—2020 年）》，以完善科技金融服务政策环境，促进金融与科技、产业、经济深度融合，加快建设中关村国家科技金融创新中心。

第三，加快中心城区功能疏解和转移。2017 年 9 月，北京市出台《关于进一步促进和规范功能性特色小城镇发展有关问题的通知》，以严格落实首都城市战略定位，积极承接中心城区功能疏解和转移，重点聚焦生态、文化创意、科技、金融等领域，引导功能性活动和特色项目落户，促进城市功能不断完善和城市空间体系有效构建。

第四，加快制造业转型升级，实现绿色发展。2016 年 12 月，北京市下发《北京绿色制造实施方案》，以"产业绿色转型升级"为中心目标，以"提质增效、创新示范、产业培育"为行动路径。

（二）经济成效分项指数的构成分析

经济成效分项指数由增长数量、增长质量、动能升级、对外开放四个二级指标构成。2019 年，动能升级指数对经济成效分项指数的贡献值最高，增长质量指数贡献值次之，增长数量指数和对外开放指数的贡献值最小。2019 年，动能升级测评值达到 187，贡献值为 56，贡献度为 36.9%；增长质量测评值达到 156，贡献值为 47，贡献度为 30.8%；增长数量测评值达到 126，贡献值为 25，贡献度为 16.6%；对外开放测评值为 119，贡献值为 24，贡献度为 15.7%（见图 3 - 23）。

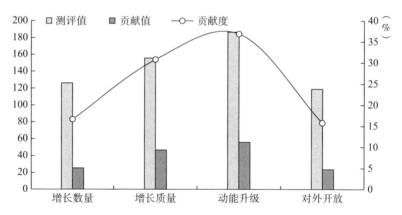

图 3 - 23　2019 年经济成效各二级指标的测评值、贡献值和贡献度

1. 增长数量持续增加

2019 年，增长数量测评值达到 126，较 2014 年增长了 26%。2014 ～ 2019 年，增长数量测评值稳步上升，增长速度也越来越快。其中 2015 年增长幅度最小，由 2014 年的 100 增长到 102，增长率为 2%；2019 年增长幅度最大，由 2018 年的 117 增长到 126，增长率为 7.69%。2014 ～ 2019 年，增长数量贡献值稳步上升。2019 年，增长数量贡献值达到 25，是 2014 年的 1.25 倍。从贡献

度来看，增长数量对经济成效的贡献度呈现下降趋势，2014～2017 年，贡献度由 20% 逐年下降至 16.94%，2018 年虽短暂回升至 17.18%，但 2019 年继续保持下行态势，下降至 16.63%，较 2014 年下降了约 3 个百分点。2019 年增长数量贡献度仅约为增长质量的一半（见图 3－24 至图 3－27，下同）。

2. 增长质量明显提高

2019 年，增长质量测评值达到 156，较 2014 年增长了 56%。2014～2019 年，增长质量测评值保持连年上升态势，增长率始终保持在 7% 以上，其中 2019 年增长幅度最大，由 2018 年的 139 增长到 156，增长率为 12.23%。增长质量的贡献值仅次于动能升级，其中 2019 年贡献值为 47，是 2014 年贡献值的 1.6 倍。贡献值的增长幅度波动不大，最高增长率为 12.07%，仅和最低增长率 7.09% 相差约 5 个百分点。从贡献度来看，增长质量对经济成效的贡献度较为稳定，始终保持在 30% 左右。其中 2019 年的贡献度为 30.78%，与 2014 年的贡献度 30% 相差不到 1 个百分点。增长质量对经济成效的贡献度较大，2019 年贡献度仅次于动能升级指数。

3. 动能升级成果显著

2019 年，动能升级测评值达到 187，较 2014 年增长了 87%。2014～2017 年，动能升级测评值高速增长，除 2018 年外，其余年份增速均保持在 10% 以上。其中 2019 年增长幅度最大，由 2018 年的 149 增长为 2019 年的 187，增长率达 25.50%。2014～2019 年，动能升级贡献值快速增长，2019 年达到 56，是 2014 年的 1.9 倍。从贡献度来看，动能升级对经济成效的贡献度呈上升趋势，除 2017 年出现短暂下滑，由 2016 年的 32.8% 下降至 2017 年的 31.8%，其余年份贡献度均稳定上升。2019 年，动能升级贡献度达到 36.9%，比 2014 年高了近 7 个百分点，在四个二级指标中位列第一，比增长数量指数贡献度的两倍还多。

4. 对外开放进入转折期

2019 年，对外开放测评值为 119，较 2014 年增长了 19%，增幅不大。2017 年是对外开放指数的转折点。2014～2017 年，对外开放测评值整体呈现上升态势，其中 2017 年增幅最大，达到峰值 144，增速为 41.2%。随后对外开放进入下行通道，2018 年和 2019 年连续两年出现下滑，直至下降为 2019 年的 119。对外开放的贡献值亦在 2017 年达到峰值 29，随后逐年下降至

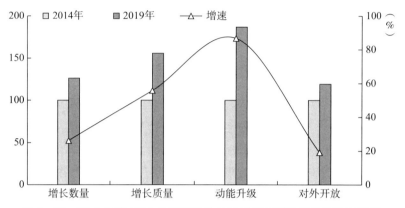

图 3 - 24　2019 年较 2014 年经济成效各二级指标测评值的变动和增速

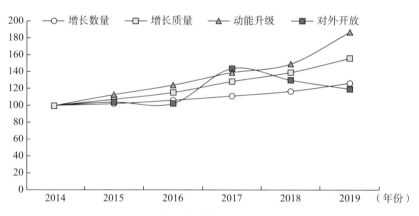

图 3 - 25　2014～2019 年经济成效各二级指标测评值的变化趋势

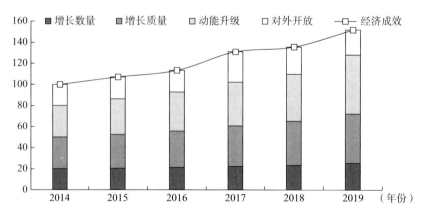

图 3 - 26　2014～2019 年经济成效各二级指标贡献值的变动趋势

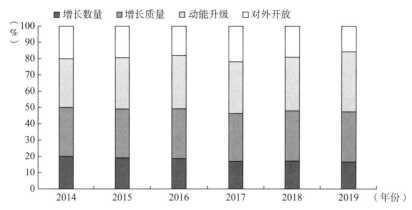

图 3 - 27 2014~2019 年经济成效各二级指标贡献度的变化趋势

2019 年的 24，在四个二级指标中贡献值最低。从贡献度来看，对外开放的贡献度呈下降趋势，2017 年贡献度达到最高，为 21.93%，只比 2014 年高了近两个百分点。其余年份贡献度均低于基期年份贡献度，2019 年贡献度为 15.7%，比 2014 年低了约 4 个百分点，在四个二级指标中贡献度最低。

2014~2019 年，动能升级测评值增长幅度最大，增长质量次之，增长数量和对外开放增长幅度最小。其中动能升级测评值由 100 增长到 187，平均增长率为 13.34%；增长质量由 100 增长到 156，平均增长率为 9.30%；增长数量由 100 增长到 126，平均增长率为 4.73%；对外开放由 100 增长至 119，平均增长率为 3.54%（见图 3 - 28）。

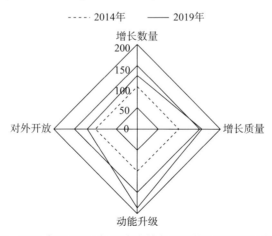

图 3 - 28 2014 年和 2019 年经济成效各二级指标测评值比较雷达图

第四章
北京财经指数：财政支持报告

本章对北京财政支持分项指数进行了深入的分析，从分析结果来看，在一般公共预算收入持续上升、土地出让收入大幅提高、债务收入迅速增加和政府财力增长显著的推动下，财政实力实现了提高，但一般公共预算收入后续动力有限、土地出让收入波动性较大，以及政府财力进入下降通道，导致北京财政支持力度的各项指标表现各异，公共性支出持续攀升，但一般公共预算总支出上升通道出现转折，经济性支出波动中降低，创新类支出上升趋势出现骤降。从北京财政可持续性指标构成来看，"土地财政"波动性极大，政府债务规模小幅扩大，财政收支比出现小幅下降。而北京财政支持效度的各项指标表现差异较大，公共性支出比重稳步上升，人均一般公共预算总支出明显提高，R&D 支出占 GDP 比例波动中提升，但一般公共预算收入占 GDP 比重于 2019 年出现骤降。总体来看，北京市财政对实体经济的支持一方面体现在支持创新类活动和科技研发投入，另一方面是对公共服务领域的投入，且财政支持具有持续性和稳定性。

一　北京财政支持分项指数总体分析

2014～2019 年北京财政支持分项指数波动中上升，2019 年北京财政支持分项指数为 166，相较于 2014 年的 100 提升了 66。在财政支持分项指数的四个构成中，财政实力指数增长最快，由 2014 年的 30 增长到 2019 年的 82，增长了 173.33%；财政支持力度指数次之，由 2014 年的 30 增长到 2019 年的 41，增长了 36.67%；财政支持效度指数增长较慢，由 2014 年的 20 增长到 2019 年的 24，仅增长了 20.00%；财政可持续性指数增长为负，由 2014 的 20 下降至 2019 年的 19，增长率为 -5.00%（见图 4-1）。

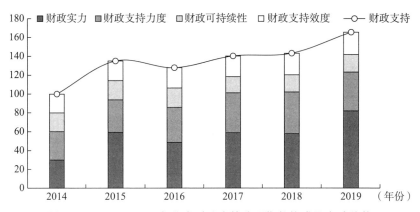

图 4 - 1　2014 ~ 2019 年北京财政支持分项指数构成及变动趋势

从分项指数来看，2014 年财政实力、财政支持力度、财政可持续性、财政支持效度四个指标对财政支持分项指数的贡献度分别为 30%、30%、20%、20%。2019 年财政实力、财政支持力度、财政可持续性、财政支持效度四个指标对财政支持分项指数的贡献度分别为 50%、25%、11%、14%，其中财政实力对财政支持分项指数贡献度变化最大，增长了 20 个百分点，其余三项指数对财政支持分项指数贡献度均呈现下降趋势，相比2014 年分别下降 5 个百分点、9 个百分点、6 个百分点（见图 4 - 2）。

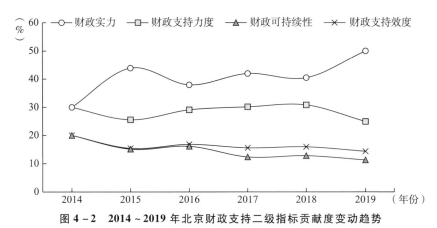

图 4 - 2　2014 ~ 2019 年北京财政支持二级指标贡献度变动趋势

二　北京财政实力分析

本节主要对北京市财政实力这个二级指标以及该二级指标下的三级指

标进行指标数据分析，包括二级指标概括论述、三级指标对二级指标的贡献度分析。三级指标从 2019 年情况、2014～2019 年变化趋势、2019 年较 2014 年和 2018 年变化情况、指标所处区位和变化趋势进行分析，并重点分析了最大值、最小值、变动幅度大的年份。

（一）财政实力指数的构成与变动趋势

财政实力由一般公共预算收入、土地出让收入、债务收入、政府财力四部分加权构成，其计算式为财政实力指数 = 一般公共预算收入 ×30% + 土地出让收入 ×20% + 债务收入 ×20% + 政府财力 ×30%。

2014～2019 年北京财政实力指数处于波动上升阶段，财政实力测评值不断增加，由 2014 的 100 增长至 2019 年的 273，增长高达 173.00%，增长幅度最大的年份为 2015 年，增长幅度为 97.46%。北京财政实力的高速增长得益于构成财政实力指数的四个指标——一般公共预算收入、土地出让收入、债务收入、政府财力的增长。其中债务收入增长最为显著，由 2014 年的 20 增长至 2019 年的 164，增长高达 720.00%；其次是土地出让收入，由 2014 年的 20 增长至 2019 年的 29，增长 45.00%；一般公共预算收入由 2014 年的 30 增长至 2019 年的 43，增长率为 43.33%；政府财力的增长较为缓慢，由 2014 年的 30 增长至 2019 年的 36，增长率为 20.00%（见图 4 - 3、表 4 - 1）。

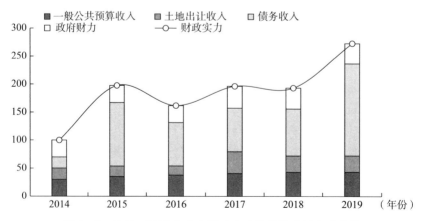

图 4 - 3　2014～2019 年北京财政实力指数构成及变动趋势

表 4 - 1　2015 ~ 2019 年北京财政实力三级指标增长率变化

单位：%

指标	2015 年	2016 年	2017 年	2018 年	2019 年
财政实力	97.46	- 18.09	21.29	- 1.55	41.26
一般公共预算收入	17.30	7.57	6.88	6.54	0.54
土地出让收入	- 6.95	- 12.59	139.57	- 25.45	0.61
债务收入	466.07	- 31.69	0.57	7.81	95.58
政府财力	1.50	- 0.51	28.65	- 4.72	- 2.34

资料来源：依据财经指数模型数据计算。

从分项指标来看，2014 年一般公共预算收入、土地出让收入、债务收入、政府财力四个指标对财政实力指数的贡献度分别为 30%、20%、20%、30%；2019 年一般公共预算收入、土地出让收入、债务收入、政府财力四个指标对财政实力指数的贡献度分别为 16%、11%、60%、13%。其中债务收入对财政实力的贡献度变化较大，增长了 40 个百分点，这是由于 2014 ~ 2019 年北京市在债务发展过程中集聚了大量债务，同时债务规模控制较好，除 2016 年有所下降，其余各年均持续小幅增长，但远未达到其债务限额，仍有较大举债空间。其余指标对财政实力的贡献度均下降，分别下降 14 个百分点、9 个百分点、17 个百分点（见图 4 - 4）。

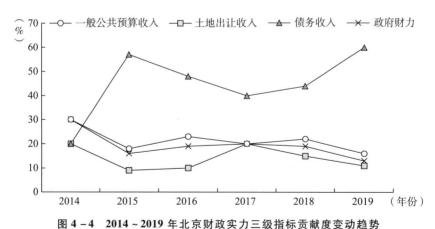

图 4 - 4　2014 ~ 2019 年北京财政实力三级指标贡献度变动趋势

（二）一般公共预算收入持续上升，但后续动力有限

2019 年北京市一般公共预算收入测评值为 144。2019 年北京一般公共

预算收入测评值相比 2014 年增长 44，增长率为 44%，年均增长率为 7.57%，并于 2014～2019 年处于稳定上升、增长率逐渐放缓的阶段，增长率由 2015 年的 17.30% 下降至 2019 年的 0.54%，增速降低主要是受减税政策持续显现影响，一般公共预算收入稳定性强，同时由于土地市场波动和政策调控，近年来北京市政府性基金预算收入波动较大，但考虑到北京市稳健的产业结构、经济增长潜力和人力资源聚集能力较强，未来北京市一般公共预算收入仍将稳步增长（见图 4－5 至图 4－7，下同）。

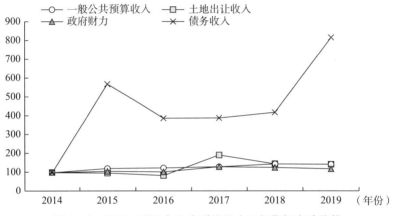

图 4－5　2014～2019 年北京财政实力三级指标变动趋势

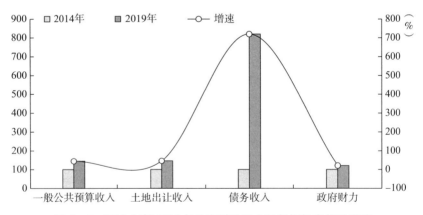

图 4－6　2019 年较 2014 年北京财政实力三级指标变化及增速

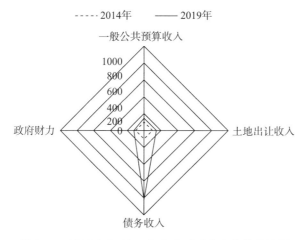

图 4-7　2014 年和 2019 年北京财政实力指数雷达图

（三）土地出让收入大幅提高，但波动性较大

2019 年北京市土地出让收入测评值为 146。2019 年北京市土地出让收入测评值相比 2014 年增长 46，增长率为 46%，年均增长率为 7.86%，并于 2014~2019 年处于波动中上升阶段，于 2016 年取得最小值，其值相比于 2014 年下降 19.00%，于 2017 年取得最大值，其值相比 2014 年增长 95%，相比 2016 年增长 139.57%，但在后两年土地出让收入迅速下降，并于 2018 年增长为负，这是由于 2017 年北京市从供应端开闸放水，加大土地供应，调整供地结构，增加住宅用地供应，同时推出众多特殊政策地块，如共有产权地块、租赁地块、保障房地块、人才住房地块等，最终 2017 年北京土地出让面积和金额均大幅提升，如土地成交金额同比上涨 225%，但在 2017 年之后，土地市场回归稳定，土地出让收入迅速回落。

（四）债务收入迅速增加

2019 年北京市债务收入测评值为 820。2019 年北京债务收入测评值相比 2014 年增长 720，增长率为 720%，年均增长率为 52.32%，并于 2014~2019 年处于迅猛增加阶段，于 2019 年取得最大值，相比 2014 年增长 720%，增长幅度最大的年份为 2015 年，增长 466%，同时除 2016 年债务收入测评值下降，其余年份债务收入测评值均增加。2015 年北京市债务收入的大幅度增加是由于落实财政部关于完成地方政府一般债务全部置换为一般债券的要求，北京市于当年集中置换存量一般债务，完成北京市政府专项债务转贷支出（新增）30亿元。2016年北京市债务收入的下降与债务政策相关，2015年12月，财政部下发财库〔2015〕225号文件，提出对地方政府债务实行限额管理，省级人民政府要严格按照限额举借地方政府债务。2016年1月，财政部下发财库〔2016〕22号文件，重申地方政府债务限额管理原则，并对2016年地方政府债券发行工作做出指导意见。北京市近年来债务收入迅速增加是由于作为特大型城市，北京的城市基础设施建设和民生项目工程资金需求较大，因此其债务规模也较大，但债务规模控制较好，未达到其债务限额，仍有较大举债空间，且北京市较强的经济和财政实力为债务偿付提供了较高保障，债务风险小。

（五）政府财力增长显著，但进入下降通道

北京市2019年政府财力测评值为121。2019年北京政府财力测评值相对于2014年增长21，增长率为21%，年均增长率为3.9%，并于2014～2019年处于波动中迅速上升阶段，于2014年取得最小值，于2017年取得最大值，其值相比于2014年增长30%，变动幅度最大的年份为2017年，变动幅度为28.65%。值得注意的是，北京政府财力测评值于2017年增长最快，并于2018年与2019年呈现下降趋势。由于政府财力是一般公共预算收入、政府性基金收入与国有资本经营预算收入的加总，所以应该从其构成指标变动情况分析：在一般公共预算收入方面，2017～2019年北京一般公共预算收入仍为正增长，但增长率放缓；在政府性基金收入方面，受土地出让计划、市场波动及政策调控因素影响，政府性基金收入波动明显，2017年大幅回升，主要是受土地供应增加影响，2018年与2019年土地市场有所降温，政府性基金收入也有所回落；在国有资本经营预算收入方面，随着国企改革的推进，该部分收入有所波动，但是国有资本经营收入占北京市财政收入的比例相对较小，影响有限。因此北京政府财力近年来有所下降，主要原因是受土地市场的影响政府性基金收入下降。

三　北京财政支持力度分析

本节主要对北京市财政支持力度这个二级指标以及该二级指标下的三级指标进行指标数据分析，包括二级指标概括论述、三级指标对二级指标的贡献度分析。三级指标从 2019 年情况、2014～2019 年变化趋势、2019 年较 2014 年和 2018 年变化情况、指标所处区位和变化趋势进行分析，并重点分析了最大值、最小值、变动幅度大的年份。

（一）财政支持力度指数的构成与变动趋势

财政支持力度由一般公共预算总支出、公共性支出、经济性支出、创新类支出四部分加权构成，其计算式为：财政支持力度指数 ＝ 一般公共预算总支出×40% ＋ 公共性支出×20% ＋ 经济性支出×20% ＋ 创新类支出×20%。

北京财政支持力度指数 2014～2019 年处于波动中上升阶段，财政支持力度测评值不断增加，由 2014 年的 100 增长至 2019 年的 138，增长 38.00%，并于 2018 年取得最大值，其相对于 2014 年增长 47.00%，变动最大的年份为 2015 年，变动幅度为 15.20%。北京财政支持力度指数的增长与财政支持力度指数三级指标中的一般公共预算总支出、公共性支出、创新类支出增长趋势一致，同时与一般公共预算总支出、公共性支出、经济性支出变动幅度最大的年份 2015 年相呼应。具体而言，公共性支出测评值增长最为显著，由 2014 年的 20 增长至 2019 年的 35，增长 75.00%；一般公共预算总支出测评值由 2014 年的 40 增长至 2019 年的 62，增长率为 55.00%；创新类支出测评值由 2014 年的 20 增长至 2019 年的 24，增长率为 20.00%；值得注意的是，经济性支出测评值由 2014 年的 20 下跌至 2019 年的 17，增长率为 −15.00%，经济性支出的下降是由政府财力的波动下降以及公共性支出的持续增长共同导致的结果（见图 4－8、表 4－2）。

从分项指标来看，2014 年一般公共预算总支出、公共性支出、经济性支出、创新类支出四个指标对财政支持力度指数的贡献度分别为 40%、20%、20%、20%；2019 年一般公共预算总支出、公共性支出、经济性支出、创新类支出四个指标对财政支持力度指数的贡献度分别为 45%、25%、12%、

17%。一般公共预算总支出和公共性支出对财政支持力度的贡献度变化为正，均增长了5个百分点，经济性支出、创新类支出对财政支持力度的贡献度均下降，分别下降8个百分点和3个百分点（见图4-9）。

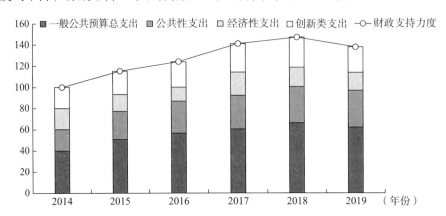

图4-8 2014～2019年北京财政支持力度指数构成及变动趋势

表4-2 2015～2019年北京财政支持力度指数三级指标增长率变化

单位：%

指标	2015年	2016年	2017年	2018年	2019年
财政支持力度	15.20	7.69	13.63	4.35	-6.27
一般公共预算总支出	26.81	11.66	6.52	9.48	-5.89
公共性支出	31.81	14.33	5.66	8.07	0.76
经济性支出	-19.38	-17.21	64.39	-17.50	-6.41
创新类支出	9.97	8.83	12.20	6.26	-15.51

资料来源：依据财经指数模型数据计算。

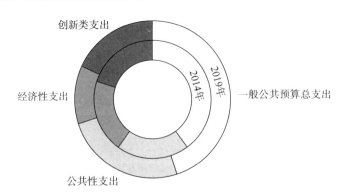

图4-9 2014年与2019年北京财政支持力度指数三级指标贡献度对比

（二）一般公共预算总支出上升通道出现转折

2019 年北京一般公共预算总支出为 7031.00 亿元，经过标准化处理后测评值为 155。2019 年一般公共预算总支出测评值相比于 2014 年增长 55，增长率为 55%，年均增长率为 9.16%，于 2018 年取得最大值，其相对于 2014 年增长 65%，于 2019 年下滑，增长率变为 -5.89%，变动幅度最大的年份为 2015 年，变动幅度为 26.81%。值得注意的是，北京一般公共预算总支出于 2014 ~ 2018 年处于逐步上升的阶段，同时是增长速度放缓的过程，于 2019 年达到负增长，这与近年来落实政府过"紧日子"政策紧密相关，除债券付息、应急储备等项目外，其他项目预算均有所减少（见表 4 - 2、图 4 - 10、图 4 - 11、图 4 - 12，下同）。

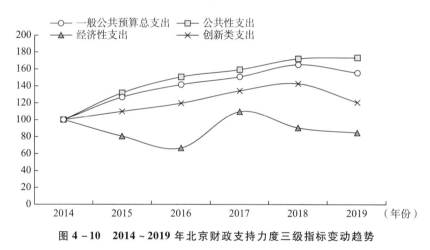

图 4 - 10　2014 ~ 2019 年北京财政支持力度三级指标变动趋势

（三）公共性支出持续攀升

2019 年北京公共性支出为 5453.94 亿元，经过标准化处理后测评值为 173。2019 年北京公共性支出测评值相比于 2014 年增长 73，增长率为 73%，年均增长率为 11.59%，并于 2014 ~ 2019 年处于持续上升的阶段，2019 年取得最大值，相对于 2014 年增长 73%，增长幅度最大的年份为 2015 年，增长幅度为 31.81%。公共性支出持续攀升反映了北京市民生类支出、一般公共服务支出、国防支出、公共安全支出的总和的增加，同时反映了北京政

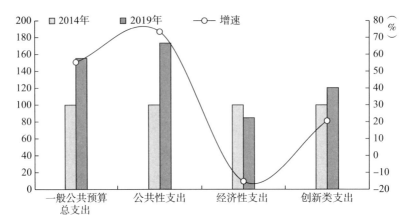

图4-11 2019年较2014年北京财政支持力度指数三级指标变化及增速

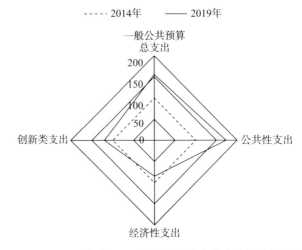

图4-12 2014年和2019年北京财政支持力度指数雷达图

府公共财政支持力度的增大与稳定。

（四）经济性支出波动中降低

2019年北京经济性支出为3868.86亿元，经过标准化处理后测评值为85。2019年北京经济性支出测评值相比2014年减少15，下降率为15%，年均下降率为3.20%，于2014~2019年处于波动中下降阶段，于2017年取得最大值，相对于2014年增长10%，于2016年取得最小值，相对于2014年减少33%，变动幅度最大的年份为2017年，变动幅度为64.39%。以上数据变动可由政府财力与公共性支出解释，经济性支出是政府财力与公共性支出的差值，与公共性支出呈现反向关系，由于政府财力除 2017 年其余各年份均为下降，公共性支出波动攀升，因此经济性支出波动中下降，唯一增加的年份为 2017 年，其主要是由于 2017 年政府财力的大幅度上升。

（五）创新类支出上升趋势出现骤降

2019 年北京创新类支出为 1468.65 亿元，经过标准化处理后测评值为 121。2019 年北京创新类支出测评值相比于 2014 年增长 21，增长率为 21%，年均增长率为 3.89%，并于 2014～2018 年处于波动中上升阶段，于 2018 年取得最大值，其相对于 2014 年增长 43%，于 2019 年急速下降，变动幅度为 −15.51%。创新类支出由科学技术支出、教育支出、文化传媒支出构成，近年来北京创新类支出上升，这首先与北京市作为全国的文化和科技创新中心密切相关，在教育、文化等相关产业布局和资源配置方面得到国家政策支持的力度较大；其次是由于北京市为落实建设全国科技创新中心重点任务，而增加新型研发机构及前沿核心技术基础研究等投入。2019 年北京市创新类支出骤降是由于 2019 年北京市科学技术支出执行数为 127047 万元，比年初预算减少 113953 万元，下降 47.3%，这主要是由于其争取到了国家资金支持，减少了北京市一级支出。

四 北京财政可持续性分析

本节主要对北京市财政可持续性这个二级指标以及该二级指标下的三级指标进行数据分析，包括二级指标概括论述、三级指标对二级指标的贡献度分析。三级指标从 2019 年情况、2014～2019 年变化趋势、2019 年较 2014 年和 2018 年变化情况、指标所处区位和变化趋势进行分析，并重点分析了最大值、最小值、变动幅度较大的年份。

（一）财政可持续性指数的构成及趋势分析

财政可持续性由土地出让收入/一般公共预算收入、税收收入/一般公共预算收入、政府债务余额/GDP、一般公共预算收入/一般公共预算总支出四部分构成，其计算公式为：财政可持续性指数 = 土地出让收入/一般公共预算收入×20% + 税收收入/一般公共预算收入×30% + 政府债务余额/GDP×20% + 一般公共预算收入/一般公共预算总支出×30%。

2014～2019 年北京财政可持续性指数处于波动下降阶段，财政可持续性测评值下降，由 100 下降至 93，下降 7%，并于 2016 年达到最大值，其相对于 2014 年增长 3%；于 2017 年达到最小值，其相对于 2014 年下降 14%，变动幅度最大的年份为 2017 年，变动幅度为 -16.50%。北京财政可持续性支出波动中下降与构成财政可持续性指数的四个指标息息相关，土地出让收入/一般公共预算收入于 2014～2019 年中波动较大，变动最大的年份为 2017 年，其变动幅度为 124.15%，为其他指数最大变动幅度的 10 倍以上，与财政可持续性指数变动幅度最大年份 2017 年相呼应，其根本原因是 2017 年土地出让收入的大幅度增加；税收收入/一般公共预算收入于 2014～2019 年处于持续下降并趋于稳定阶段，与财政可持续性指数下降趋势相一致；反向指标政府债务余额/GDP 于 2014～2019 年处于波动中上升阶段，是财政可持续性指数下降的解释之一；一般公共预算收入/一般公共预算总支出处于波动下降阶段，与财政可持续性指数下降趋势相一致（见图 4 - 13、表 4 - 3）。由此可以看出，财政可持续性指数各三级指标都处于波动趋势，且其变动趋势均可成为财政可持续性指数下降的解释。

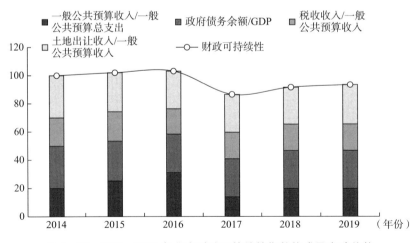

图 4 - 13　2014～2019 年北京财政可持续性指数构成及变动趋势

表 4 - 3　2015 ~ 2019 年北京财政可持续性指数及各三级指标增长率变化

单位：%

指标	2015 年	2016 年	2017 年	2018 年	2019 年
财政可持续性	2.03	1.08	- 16.50	5.80	2.05
土地出让收入/一般公共预算收入	- 20.67	- 18.74	124.15	- 30.03	0.07
税收收入/一般公共预算收入	- 5.86	- 2.91	- 1.74	0.13	0.50
政府债务余额/GDP	- 3.97	15.96	- 5.05	1.26	0.15
一般公共预算收入/一般公共预算总支出	- 7.50	- 3.67	0.34	- 2.69	6.84

资料来源：依据财经指数模型数据计算。

从分项指标来看，2014 年土地出让收入/一般公共预算收入、税收收入/一般公共预算收入、政府债务余额/GDP、一般公共预算收入/一般公共预算总支出四个指标对财政可持续性指数的贡献度分别为 20%、30%、20%、30%；2019 年土地出让收入/一般公共预算收入、税收收入/一般公共预算收入、政府债务余额/GDP、一般公共预算收入/一般公共预算总支出四个指标对财政可持续性指数的贡献度分别为 21%、29%、20%、30%。政府债务余额/GDP、一般公共预算收入/一般公共预算总支出对财政可持续性的贡献度保持不变，土地出让收入/一般公共预算收入、税收收入/一般公共预算收入对财政可持续性的贡献度分别上升和下降 1 个百分点，这两个指标贡献度变化较小与其对应各年度变动幅度均较小相呼应（见图 4 - 14）。

（二）"土地财政"波动性极大

2019 年北京土地出让收入/一般公共预算收入指标的测评值为 101。2019 年土地出让收入/一般公共预算收入评测值相比 2014 年增长 1，增长率为 1%，并于 2014 ~ 2019 年处于上下波动阶段，其中变动幅度最大的年份为 2017 年，变动幅度为 124.15%，这与 2017 年土地出让收入大幅度增加是相吻合的。该指标的剧烈反弹说明土地出让需要有效合理的管控机制，否则只能适得其反，而后 2018 ~ 2019 年北京该指标保持平稳，说明 2017 年的

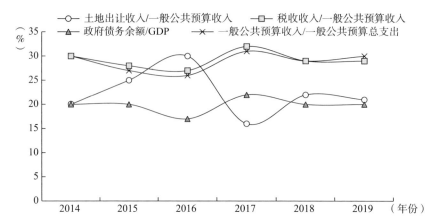

图 4－14　2014～2019 年北京财政可持续性指数各三级指标贡献度变化趋势

政策随着时间推移作用下降，目前北京土地出让管控手段是适宜北京且有效的（见图 4－15、图 4－16 和图 4－17，下同）。

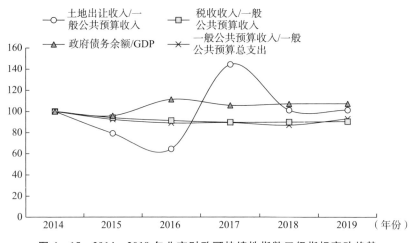

图 4－15　2014～2019 年北京财政可持续性指数三级指标变动趋势

（三）税收占比稳步下降

2019 年北京税收收入／一般公共预算收入指标的测评值为 90。2019 年北京税收收入／一般公共预算收入评测值相比于 2014 年下降 10，下降率为 10%，年均下降率为 2.09%，并于 2014～2019 处于波动下降阶段，于 2017 年取得最小值，其相对于 2014 年下降 10，变动幅度最大的年份为

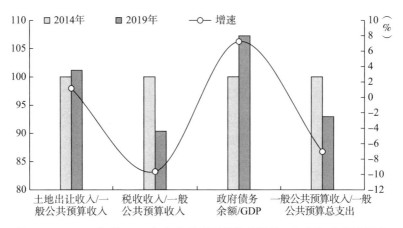

图 4 – 16 2019 年较 2014 年北京财政可持续性指数三级指标变化及增速

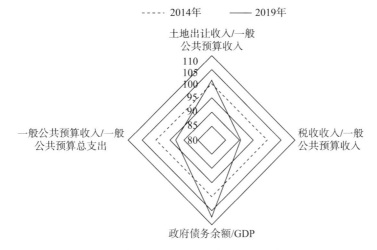

图 4 – 17 2014 年和 2019 年北京财政可持续性指数雷达图

2015 年，变动幅度为 – 5.86%，各年份变动幅度相对较小。由于减税降费等政策税收收入增速放缓，同时由于一般公共预算收入的平稳增加，税收收入占比下降，但同时需指出北京市税收占比仍处于较高水平，北京市一般公共预算收入稳定性较强。

（四）政府债务规模小幅扩大，风险总体可控

2019 年北京政府债务余额/GDP 指标的测评值为 107。2019 年北京政府债务余额/GDP 评测值相比于 2014 年增长 7，增长幅度较小，并于 2014～

2019 年处于波动上升阶段，于 2015 年取得最小值，相对于 2014 年下降4%，于 2016 年取得最大值，其相对于 2014 年增长 11%，变动幅度最大的年份为 2016 年，变动幅度为 15.96%。政府债务持续小幅增长，可在一定程度上反映对政府债务的依赖程度的上升，但近年来北京市债务余额与债务限额的比例维持在 50% 左右，仍有较大举债空间，整体仍处于可控水平，并对北京财政可持续性产生一定的可控风险。

（五）财政收支比出现小幅下降

2019 年北京一般公共预算收入／一般公共预算总支出指标的测评值为93。2019 年北京一般公共预算收入／一般公共预算总支出评测值相比 2014年下降 7，下降率为 7%，年均下降率为 1.44%，并于 2014～2019 年处于波动下降阶段，于 2016 年取得最小值，其相对于 2014 年下降 11%，变动幅度最大的年份为 2015 年，变动幅度为 -7.50%。北京市 2014～2019 年收支占比小幅下降，是由于 2014～2019 年北京市一般公共预算收入与一般公共预算总支出均持续增加，但一般公共预算总支出上升幅度更大，造成两者的比值即财政收支比下降，但需要指出的是，北京市近年财政收支比虽然有所下滑，但仍处于偏高水平，对转移支付的依赖性较低。

五　北京财政支持效度分析

本节主要对北京市财政支持效度这个二级指标以及该二级指标下的三级指标进行指标数据分析，包括二级指标概括论述、三级指标对二级指标的贡献度分析。三级指标从 2019 年情况、2014～2019 年变化趋势、2019 年较 2014 年和 2018 年变化情况、指标所处区位和变化趋势进行分析，并重点分析了最大值、最小值、变动幅度较大的年份。

（一）财政支持效度指数的构成及趋势分析

2014～2019 年北京财政支持效度指数处于波动上升阶段，财政支持效度得到提升与改善，由 2014 年的 100 增长至 2019 年的 119，增长 19%，变动幅度最大的年份为 2018 年，变动幅度为 4.42%。北京财政支持效度的增加得益于构成财政支持效度指数的四个指标——一般公共预算收入/GDP、公共性支出/一般预算总支出、人均一般公共预算总支出、R&D 支出占 GDP 比例的增长。其中人均一般公共预算总支出增长最为显著，由 2014 年的 20 增长至 2019 年的 31，增长率为 55%；其次是一般公共预算收入/GDP 与公共性支出/一般预算总支出，两者均由 2014 年的 30 增长至 2019 年的 33，增长率为 10%；R&D 支出占 GDP 比例增长较为缓慢，由 2014 年的 20 增长至 2019 年的 21，增长率为 5%。同时财政支持效度指数变动最大的年份为 2018 年，其变动幅度为 4.42%，其次是 2019 年，其变动幅度为 4.23%（见图 4 - 18、表 4 - 4）。

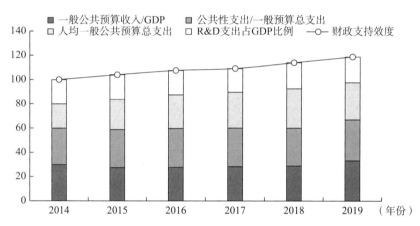

图 4 - 18 2014～2019 年北京财政支持效度指数构成及变动趋势

表 4 - 4 2015～2019 年北京财政支持效度指数三级指标增长率变化

单位：%

指标	2015 年	2016 年	2017 年	2018 年	2019 年
财政支持效度	4.03	3.39	1.54	4.42	4.23
一般公共预算收入/GDP	8.68	- 0.75	- 2.07	- 1.56	- 13.82
公共性支出/一般预算总支出	3.95	2.39	- 0.81	- 1.29	7.07
人均一般公共预算总支出	25.18	11.11	6.52	9.95	- 5.65
R&D 支出占 GDP 比例	1.04	- 1.03	- 2.42	9.40	- 0.81

资料来源：依据财经指数模型数据计算。

从分项指标来看，2014 年一般公共预算收入/GDP、公共性支出/一般预算总支出、人均一般公共预算总支出、R&D 支出占 GDP 比例四个指标对财政支持效度指数的贡献度分别为 30%、30%、20%、20%。2019 年一般公共预算收入/GDP、公共性支出/一般预算总支出、人均一般公共预算总支出、R&D 支出占 GDP 比例四个指标对财政支持效度指数的贡献度分别为 28%、28%、26%、18%。人均一般公共预算总支出对财政支持效度的贡献度变化较大，上升了 6 个百分点，其余三级指标对财政支持效度的贡献度均下降了 2 个百分点（见图 4－19）。

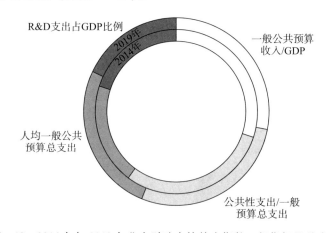

图 4－19　2014 年与 2019 年北京财政支持效度指数三级指标贡献度对比

（二）一般公共预算收入占 GDP 比重于2019年出现骤降

2019 年北京一般公共预算收入/GDP 指标的测评值为 90。2019 年北京一般公共预算收入/GDP 测评值相比 2014 年下降 10，下降率为 10%，年均下降率为 2.09%，并于 2014～2018 年处于波动上升阶段，于 2015 年取得最大值，其相对于 2014 年增长 9%，于 2019 年取得最小值，其相对于 2014 年下降 10%，同时 2019 年为变动幅度最大的年份，变动幅度为－13.82%。这是由于 2014～2019 年北京市 GDP 增速较快，年均增长率为 12.2%，其中 2019 年增长幅度最大，增长了 16.67%，而一般公共预算收入增长相对较为缓慢，特别是 2019 年北京市一般公共预算收入增速在 1% 以下，从而形成了目前一般公共预算收入占比波动下降的局面，并在 2019 年出现骤降（见图 4－20 至图 4－22）。

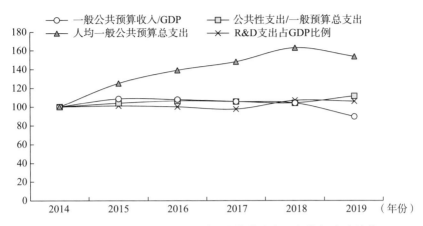

图4-20　2014~2019年北京财政支持效度各三级指标变动趋势

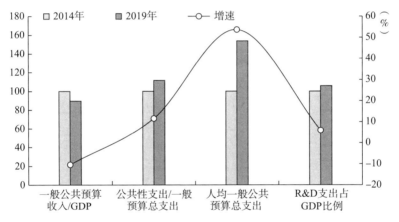

图4-21　2019年较2014年北京财政支持效度三级指标变化及增速

（三）公共性支出比重稳步上升

2019年北京公共性支出/一般预算总支出指标的测评值为112。2019年北京公共性支出/一般预算总支出测评值相比于2014年增长12，增长率为12%，年均增长率为2.29%，于2014~2019年处于持续上升阶段，其中2017年与2018年增长率为负，其余年份增长率均为正，并于2019年变动幅度最大，变动幅度为7.07%。公共性支出/一般预算总支出的变动可由公共性支出与一般预算总支出变动趋势解释，2014~2019年北京市一般预算总支出与公共性支出均处于波动上升阶段，但增长速率有所不同，2014~

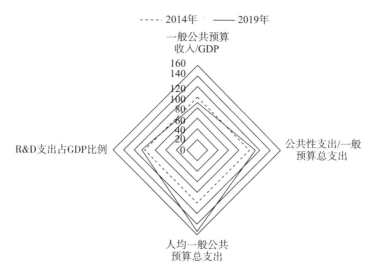

图 4-22　2014 年和 2019 年北京财政支持效度指数雷达图

2019 年北京市一般预算总支出年均增长率为 9.71%，公共性支出年均增长率为 12.13%，但除 2017 年与 2018 年外，其余年份的公共性支出增速均高于一般预算总支出增速，同时 2019 年北京一般预算总支出增速为负，以上可以很好解释为什么公共性支出／一般预算总支出比重稳步增长，并于 2017年、2018 年增速为负，于 2019 年大幅度上升。

（四）人均一般公共预算总支出明显增加

2019 年北京人均一般公共预算总支出指标的测评值为 154。2019 年北京人均一般公共预算总支出相比于 2014 年增长 54，增长率为 54%，年均增长率为 9.02%，并于 2014～2019 年处于波动上升阶段，于 2018 年取得最大值，其相对于 2014 年增长 63%，变动幅度最大的年份为 2015 年，变动幅度为 25.18%。以上说明北京能分配到每个人的公共预算支出增加，即人均能享受到更多的财政支出，这意味着北京能给居民带来社会福利水平上升的可能性更大，是北京财政支持效度指数提升的具体体现之一。

（五）R&D 支出占 GDP 比例波动中提升

2019 年北京 R&D 支出占 GDP 比例指标的测评值为 106。2019 年北京

R&D 支出占 GDP 比例相比于 2014 年增长 6，增长率为 6%，年均增长率为 1.17%，于 2014~2019 年处于波动上升阶段，于 2017 年取得最小值，其相对于 2014 年下降 2%，于 2018 年取得最大值，其相对于 2014 年增加 7%，波动幅度最大的年份为 2018 年，变动幅度为 9.40%。近年来北京 R&D 投入的绝对数量与比例值增加主要是由于北京为落实建设全国科技创新中心重点任务，加大科技项目投入，增加新型研发机构及前沿核心技术基础研究、应用研究等投入。北京研发投入占生产总值比例上升，可为北京的研发提供更丰厚的物质基础与资金，从而进一步提升北京的科技实力与核心竞争力，优化升级北京的财政支出结构。

第五章
北京财经指数：金融支持报告

本章主要对二级指标北京金融实力以及该二级指标下的三级指标进行分析，包括二级指标概括论述、三级指标对二级指标的贡献度分析。三级指标从2019年情况、2014～2019年变化趋势、2019年较2014年和2018年变化情况、指标所处区位和变化趋势几个方面进行分析，并重点分析了最大值、最小值、变动幅度大的年份。2014～2019年北京金融支持指数稳步增长，增长率为28%。从金融支持分项指数内部结构来看，2014～2019年金融实力指数平稳上升，增长了66.7%；金融支持力度指数在波动中上升，增长了20%；金融可持续性指数在平稳中上升，增长了15%；金融支持效度指数则小幅下降后持续回升。其中金融实力指数增长最为显著，是推动金融支持指数增长的主要原因。

一　北京金融支持分项指数总体分析

北京金融支持指数对应的二级指标为金融实力、金融支持力度、金融可持续性、金融支持效度四个指标。2014～2019年北京金融支持指数平稳上升，2019年北京金融支持指数为128，相较于2014年的100提升了28。在金融支持指数的四个构成中，金融实力增长最快，由2014年的30增长到2019年的50，增长率高达66.7%；金融支持力度次之，由2014年的30增长到2019年的36，增长率达20%；金融可持续性增长较慢，由2014年的20增长到2019年的23，增长15%；金融支持效度较稳定，自2016年下降了15%之后，一直平稳上升，2019年回升至20（见图5-1）。

从分项指数来看，2014年报告年度金融实力、金融支持力度、金融可持续性、金融支持效度四个指标对金融支持指数的贡献度分别为30%、

30%、20%、20%。2019 年报告年度金融实力、金融支持力度、金融可持续性、金融支持效度四个指标对金融支持指数的贡献度分别变为 39%、28%、18%、15%（见图 5 - 2）。

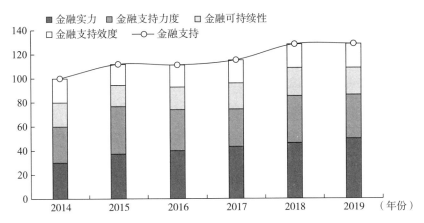

图 5 - 1 2014～2019 年北京金融支持指数及构成变动趋势

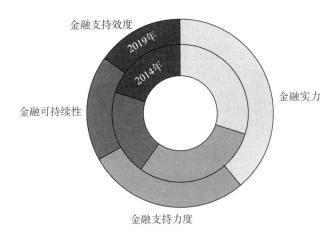

图 5 - 2 2014 年和 2019 年北京金融支持指数二级指标贡献度对比

二 金融实力分析

（一）金融实力指数的构成及其变化趋势

北京金融实力对应的三级指标为各项存款余额、金融机构资产总额、金融机构法人数、上市公司数四个指标。2014～2019 年北京金融实力逐年增强，由 2014 年的 100 增长到 2019 年的 167，增长率高达 67%。这得益于各项存款余额、金融机构资产总额、金融机构法人数、上市公司数四个三级指标的持续增长。其中，金融机构法人数的贡献值增长最为显著，2014 年金融机构法人数的基期贡献值为 15，2015 年上升为 21，涨幅达到 40%；2017 年以后逐年增长，2019 年贡献值达到 30，较 2014 年增长了 1 倍。各项存款余额的贡献值由 2014 年的 30 上升为 2019 年的 51，涨幅达 70%，除 2015 年增幅达到 30% 以外，其他年份平稳上涨。金融机构资产总额是金融实力的重要构成，2014 年贡献值为 40，2019 年达到 64，上涨了 60%。上市公司数的贡献值由 2014 年的 15，提高到 2019 年的 21，涨幅达 40%（见图 5－3）。

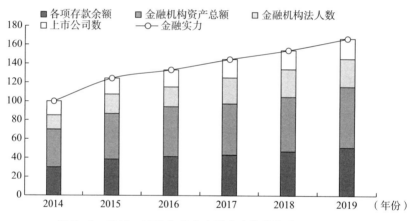

图 5－3　2014～2019 年北京金融实力指数构成及变动趋势

从三级指标的贡献度来看，2014 年报告年度各项存款余额、金融机构资产总额、金融机构法人数、上市公司数四个指标对金融实力指数的贡献度分别为 30%、40%、15%、15%。2019 年报告年度各项存款余额、金融机构资产总额、金融机构法人数、上市公司数四个指标对金融实力指数的贡献度分别变为 31%、38%、18%、13%（见图 5－4）。

（二）各项存款余额平稳上升

2014～2019 年北京各项存款余额呈现平稳上升的趋势，从 2014 年的

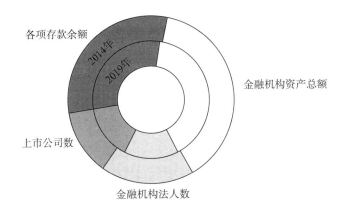

图 5 - 4 **2014 年和 2019 年北京金融实力指数三级指标贡献度对比**

100095.50 亿元增加至 2019 年的 171062.30 亿元。以 2014 年为基期，2019 年各项存款余额测评值为 171，增长率达 71%，年均增长率为 11.3%；2018 年各项存款余额测评值为 157。2018～2019 年，各项存款余额增长了 8.9%。2018～2019 年三级指标各项存款余额增长率小幅放缓。各项存款余额指标处于上游区，为北京市金融实力的优势指标。从指标变化趋势看，2018～2019 年各项存款余额趋势无变化（见图 5 - 5 至图 5 - 7，下同）。

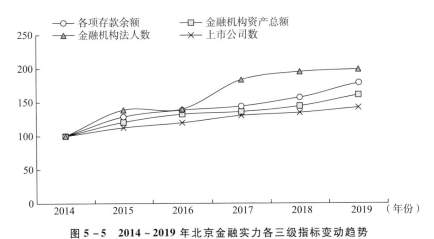

图 5 - 5 **2014～2019 年北京金融实力各三级指标变动趋势**

（三）金融机构资产总额波动中增长

2014～2019 年北京金融机构资产总额在小幅波动中平稳提升，2014 年北京金融机构资产总额为 163314.00 亿元，2019 年为 262498.00 亿元。以

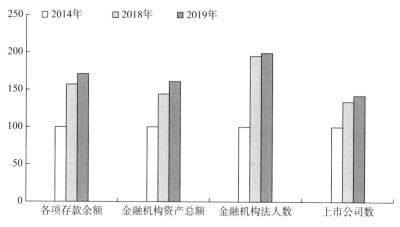

图5-6 北京金融实力各三级指标变化

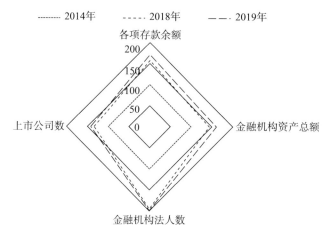

图5-7 北京金融实力各三级指标雷达图

2014年为基期，2019年金融机构资产总额测评值为161，增长了61%，年均增长率为9.99%；2018年金融机构资产总额测评值为144。2018~2019年，金融机构资产总额增长了11.8%。2018~2019年三级指标金融机构资产总额增速提升。三级指标金融机构资产总额处于上游区，为北京市金融实力的优势指标。从指标变化趋势看，2018~2019年金融机构资产总额在四个三级指标中排名无变化，排名为第三位。

（四）金融机构法人数在2017年骤升

2014～2019年北京金融机构法人数在波动中上升，由2014年的83家增长至2019年的121家。以2014年为基期，2019年金融机构法人数测评值为199，增长率达99%，年均增长率为14.75%；2018年金融机构法人数测评值为195。2018～2019年金融机构法人数增长了2.1%。2018～2019年金融机构法人数增长放缓显著，增长率由19.8%下降至2.1%。从指标所处区位看，金融机构法人数处于上游区，为北京市金融实力的强势指标。从指标变化趋势看，2018～2019年金融机构法人数在四个三级指标中排名无变化，排名为第一。

2017年9月，国家出台了《关于率先行动改革优化营商环境实施方案》，从投资环境、贸易环境、生产经营环境、人才环境、法治环境五大方面，推出26项改革措施和136条政策清单，系统部署改革任务。营商环境的改善优化在一定程度上促进了我国金融市场的进一步发展，这可能是导致2017年金融机构法人数骤升的主要原因。

（五）上市公司数持续攀升

2014～2019年北京上市公司数持续攀升，由2014年的235家，增长至2019年的334家。以2014年为基期，2019年上市公司数测评值为142，增长率达42%，年均增长率为7.3%；2018年上市公司数测评值为134。2018～2019年上市公司数增长了6.0%。2018～2019年三级指标上市公司数增速提升。从指标所处区位看，指标上市公司数处于上游区，为北京市金融实力的优势指标。从指标变化趋势看，2018～2019年上市公司数在四个三级指标中排名无变化，排名为第四。

三　金融支持力度分析

本节主要对北京市金融支持力度这个二级指标以及该二级指标下的三级指标进行指标数据分析，包括二级指标概括论述、三级指标对二级指标的贡献度分析。三级指标从2019年情况、2014～2019年变化趋势、2019年较 2014 年和 2018 年变化情况、指标所处区位和变化趋势进行分析，并重点分析了最大值、最小值、变动幅度较大的年份。

（一）金融支持力度指数的构成及其变化趋势

北京金融支持力度对应的三级指标为社会融资规模增量、新增贷款、新增债券融资、新增股票融资四个指标。2014～2019 年北京金融支持力度指数波动频繁。以 2014 年为基期，2015 年北京金融支持力度指数测评值增长至 131，增长率达 31%，继而下降至 2016 年的 113、2017 年的 103，直到 2018 年增长至 130，但 2019 年又下降至 120。总的来看，2014～2019 年，北京金融支持力度增长率达 20%（见图 5 – 8）。

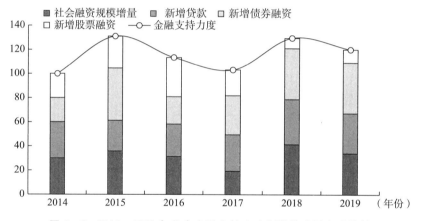

图 5 – 8 2014～2019 年北京金融支持力度指数构成及变动趋势

从分项指数来看，2014 年报告年度社会融资规模增量、新增贷款、新增债券融资、新增股票融资四个指标对金融支持力度指数的贡献度分别为 30%、30%、20%、20%。2019 年报告年度社会融资规模增量、新增贷款、新增债券融资、新增股票融资四个指标对金融支持力度指数的贡献度分别变为 28%、28%、35%、9%（见图 5 – 9）。

其中社会融资规模增量、新增贷款对金融支持力度指数贡献度变化不大，而新增债券融资对金融支持力度指数贡献度发生了较大增长，由 2014 年的 20% 增长到 2019 年的 35%，新增股票融资对金融支持力度指数贡献度有所下降，由 2014 年的 20% 下降到 2019 年的 9%。

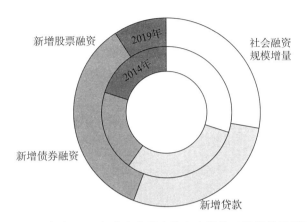

图 5 - 9 2014 年和 2019 年北京金融支持力度指数三级指标贡献度对比

（二）社会融资规模增量波动性强

2014～2019 年北京市社会融资规模增量波动性强。社会融资规模增量在 2015 年出现小幅度增长后，开始大幅下降至 2017 年的 64，与 2014 年基期相比，下降幅度达 36%，为近几年的最低位，而 2018 年大幅上升至 138，为近几年的最大值。以 2014 年为基期，2019 年社会融资规模增量测评值为 114，增长率达 14%，年均增长率为 2.66%。2018～2019 年，社会融资规模增量增长了 -17.4%，较前五年平均变化趋势有差异，由小幅度正向增长变为大幅度负增长。从指标所处区位看，社会融资规模增量处于上游区，为北京市金融支持力度的优势指标。从指标变化趋势看，2018～2019 年三级指标社会融资规模增量在四个三级指标中排名无变化，排名第二位（见图 5 - 10 至图 5 - 12，下同）。

社会融资规模增量减少是多因素共同作用的结果。第一，地方政府举债受到严格规范，投融资放缓会带动社会融资规模下降；第二，信用违约事件增多、企业债券发行困难也会影响社会融资规模增量；第三，一系列强监管政策对社会融资规模也会产生一定影响，这会导致表外融资降幅明显，人民币贷款等表内融资虽有增加，但未能弥补相应的融资缺口。

（三）新增贷款先降后升

新增贷款变化趋势则相对平缓，2015 年经历小幅度下降之后，开始平

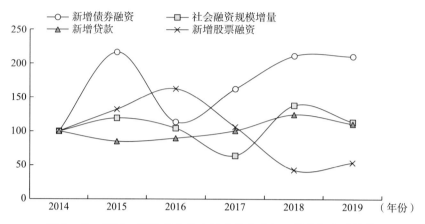

图5-10 2014～2019年北京金融支持力度各三级指标变动趋势

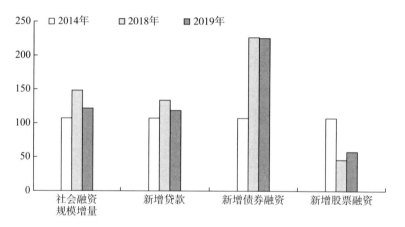

图5-11 北京金融支持力度各三级指标变化

稳上升至2018年的125，为近几年的最高位，2019年小幅度下降至111。总的来看，2014～2019年新增贷款增长了11，增长率为11%。以2014年为基期，2019年新增贷款测评值为111，增长了11%，年均增长率为2.1%；2018年新增贷款测评值为125，2018～2019年新增贷款增长了-11.2%，较前五年平均变化趋势有较大差异，由小幅度正向增长变为大幅度负增长。新增贷款是本年度金融机构发放的贷款，其先降后升是由于金融机构主动融资规模增量的波动。从指标所处区位看，新增贷款指标处于上游区，为北京市金融支持力度的优势指标。从指标变化趋势看，2018～2019年三级指标新增贷款在四个三级指标中排名无变化，排名第三位。

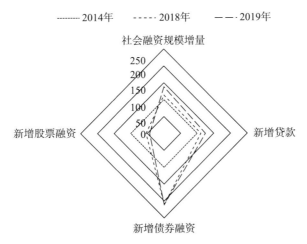

图 5 - 12　北京金融支持力度各三级指标雷达图

（四）新增债券融资骤升骤降

新增债券融资 2014 ~ 2016 年出现大幅度波动，以 2014 年为基期，2015年新增债券融资测评值高达 216，增长了 116%，2016 年又大幅下降至 114，之后几年平稳增长，再次回到高位。以 2014 年为基期，2019 年新增债券融资测评值为 210，增长率达 110%，年均增长率为 16%；2018 年新增债券融资测评值为 211。2018 ~ 2019 年新增债券融资增长了 - 0.5%，较前五年平均变化趋势有很大差异，由大幅度正向增长变为小幅度负向增长。从指标所处区位看，新增债券融资指标处于上游区，为北京市金融支持力度的强势指标。从指标变化趋势看，2018 ~ 2019 年三级指标新增债券融资在四个三级指标中排名无变化，排名第一。

债券融资是企业和机构主动向社会获取融资的方式，近几年我国货币市场不稳定，导致贷款利率波动，进而致使新增债券融资骤升骤降。当货币政策量化宽松时，会导致债券利率下降，企业在债市中的融资成本下降，致使新增债券融资增加，债市强力输血实体经济；反之，货币政策的紧缩致使新增债券融资减少。此外，新增债券融资还受到各行业企业贷款违约率的影响。

（五）新增股票融资急剧缩减

新增股票融资测评值在 2016 年增长至最大值 163，而随后几年大幅下降，

2018 年下降至最小值 43，2019 年小幅增长至 54。总的来看，2014～2019 年新增股票融资测评值下降了 46，降幅为 46%。以 2014 年为基期，2019 年新增股票融资测评值为 54，增长率为 -46%，年均增长率为 -11.6%；2018 年新增股票融资测评值为 43。2018～2019 年新增股票融资测评值增长了 25.6%，较前五年平均变化趋势有很大差异，由小幅度负向增长变为大幅度正向增长。从指标变化趋势看，2018～2019 年新增股票融资在四个三级指标中排名无变化，排名第四。

资本市场股权融资的"三极"——A 股市场 IPO、再融资以及新三板市场的定向增发均会对资本市场融资规模产生影响。东方财富 Choice 的数据显示，截至 2017 年 12 月 13 日，共有 492 家企业完成再融资，融资规模共计 11342 亿元，相比 2016 年全年缩减了 5832 亿元，缩减幅度高达 51.4%。与此同时，再融资企业的数量也下滑明显，缩减数量约在 300 家。由于短时间内再融资市场很难恢复到之前的热度，2018 年再融资规模仍继续下降。再融资规模的下降影响了股权融资整体市场的规模。

四　金融可持续性分析

本节主要对北京市金融可持续性这个二级指标以及该二级指标下的三级指标进行指标数据分析，包括二级指标概括论述、三级指标对二级指标的贡献度分析。三级指标从 2019 年情况、2014～2019 年变化趋势、2019 年较 2014 年和 2018 年变化情况、指标所处区位和变化趋势进行分析，并重点分析了最大值、最小值、变动幅度较大的年份。

（一）金融可持续性指数的构成及其变化趋势

北京金融可持续性指数对应的三级指标为各项贷款余额/各项存款余额、各项贷款余额/GDP、金融业增加值、不良贷款率四个指标。2014～2019 年北京金融可持续性指数呈平稳上升趋势。以 2014 年为基期，2015 年增长至 104，2016 年增长至 110，2017 年增长至 123，2018 年无变化，2019 年增长至 136（见图 5 - 13）。

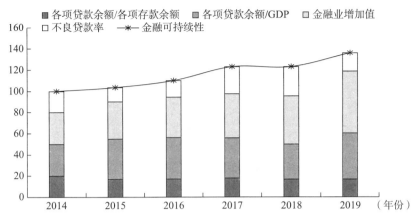

图 5 - 13　2014 ~ 2019 年北京金融可持续性指数构成及变动趋势

从分项指数来看，2014 年报告年度各项贷款余额/各项存款余额、各项贷款余额/GDP、金融业增加值、不良贷款率四个指标对金融可持续性指数的贡献度分别为 20%、30%、30%、20%。2019 年报告年度各项贷款余额/各项存款余额、各项贷款余额/GDP、金融业增加值、不良贷款率四个指标对金融可持续性指数的贡献度分别变为 12%、32%、43%、13%（见图 5 - 14）。

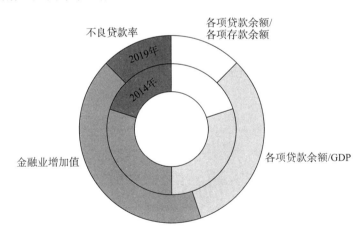

图 5 - 14　2014 年和 2019 年北京金融可持续性三级指标贡献度对比

（二）各项存贷款余额比有所降低

各项贷款余额/各项存款余额指标在近几年则呈现一个平稳下降的态势。以 2014 年为基期，2015 年下降至 85，2016 年小幅上升至 86，2017 年上升至90，2018年、2019年稳定在84。总的来看，2014～2019年，北京各项贷款余额/各项存款余额指标测评值增长率为－16%，在一定程度上使北京金融可持续性下降。以2014年为基期，2019年各项贷款余额/各项存款余额测评值为84，增长率为－16%，年均增长率为－3.4%。2018～2019年，各项贷款余额/各项存款余额测评值无增长。从指标变化趋势看，2018～2019年各项贷款余额/各项存款余额指标排位无变化，均为第三（见图5－15至图5－17，下同）。

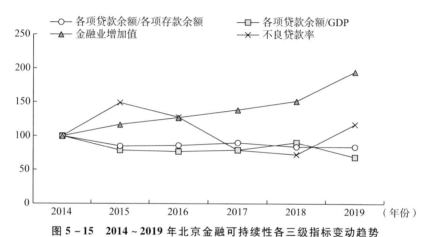

图5－15　2014～2019年北京金融可持续性各三级指标变动趋势

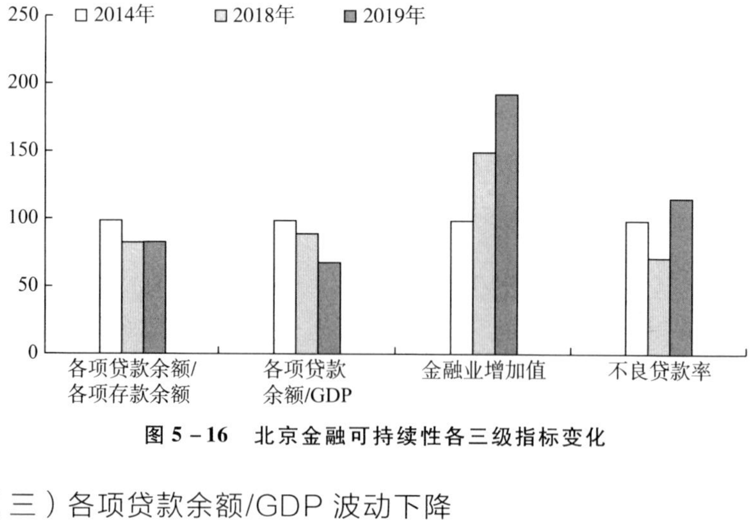

图5－16　北京金融可持续性各三级指标变化

（三）各项贷款余额/GDP波动下降

各项贷款余额/GDP指标为负向指标，2014年以来呈现平稳下降的态

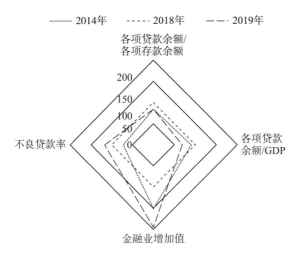

图 5 - 17　北京金融可持续性各三级指标雷达图

势。以 2014 年为基期，2015 年各项贷款余额/GDP 测评值为 79，2016 年为 77，2017 年为 79，2018 年小幅度回升至 90，2019 年再次降至最小值 69。总的来看，2014～2019 年，北京各项贷款余额/GDP 测评值的增长率为 -31%，在较大程度上使北京金融可持续性增强。以 2014 年为基期，2019 年各项贷款余额/GDP 测评值为 69，增长率为 -31%，年均增长率为 -7.2%；2018 年各项贷款余额/GDP 测评值为 90。2018～2019 年，各项贷款余额/GDP 指标的测评值增长了 -23.3%。负向指标各项贷款余额/GDP 为北京市金融可持续性的优势指标。从指标变化趋势看，2018～2019 年负向指标各项贷款余额/GDP 的排名下降了两位，由 2018 年的第二变为 2019 年的第四。

（四）金融业增加值持续上升

金融业增加值 2014～2019 年持续性增长。以 2014 年为基期，2015 年金融业增加值指标的测评值增长至 117，2016 年增长至 127，2017 年增长至 139，2018 年增长至 151，2019 年增长至 195。总的来看，2014～2019 年，北京金融业增加值指标增长率高达 95%，这说明金融业是拉动北京国民经济发展的重要因素。以 2014 年为基期，2019 年北京金融业增加值的测评值为 195，增长率高达 95%，年均增长率为 14.3%；2018 年金融业增加值指标增长了 29.1%。2018～2019 年金融业增加值指标增长率呈现加速趋势。金融业增加值指标处于上游区，为北京市金融可持续性的强势指标。从指标变化趋势看，2018～2019 年金融业增加值指标排名无变化，均为第一。

近年，我国金融业增加值持续上升，这与我国经济结构特点和发展阶段有关。第一，与发达国家相比，我国储蓄率明显偏高，2017 年，我国国民总储蓄率为 46%，明显高于美国（17.5%）、日本（27%）、德国（27.6%）和新兴市场经济体平均水平（31.7%）。储蓄率高，需要金融机构提供的把储蓄转化为投资的服务就多，金融业增加值自然也比较高。第二，在储蓄转化为投资规模既定的情况下，间接融资带来的增加值一般高于直接融资。我国融资结构一直以间接融资为主，2018 年末，直接融资占社会融资的比重仅为 13.5%。在间接融资为主的格局下，金融部门承担的风险较多，即提供的服务较多，也会带来较多的金融业增加值。在我国金融业增加值持续上升的大环境下，北京市金融业增加值也持续攀升。

（五）不良贷款率有回升迹象

负向指标不良贷款率在 2015 年发生较大幅度波动。以 2014 年为基期，2015 年不良贷款率指标测评值达 149，增长了 49%，之后几年平稳下降，在 2018 年达到最低位 72，2019 年又开始回升至 117。总的来看，2014～2019 年，北京不良贷款率增长率为 17%，在一定程度上使北京金融可持续性降低。以 2014 年为基期，2019 年不良贷款率指标测评值为 117，增长率为 17%，年均增长率为 3.2%。2018～2019 年，不良贷款率增长了 62.5%。2018～2019 年不良贷款率指标增长率呈现大幅加速趋势。从指标变化趋势看，负向指标不良贷款率的排名上升了两位，由 2018 年的第四变为 2019 年的第二。

2015 年及 2019 年北京市不良贷款率测评值有所回升，这可能有两方面的原因：一是商业银行的风险控制意识依然不是很强，贷款和风险控制受地方政府的干预较多，加上金融危机以来银行业资产的急剧扩张，致使其在目前经济的下行通道中集中爆发；二是在经济新常态下，过剩行业的去产能、企业盈利能力下滑，甚至出现大面积亏损，债务偿付能力下降，使不良资产数额增加。

五　金融支持效度分析

本节主要对北京市金融支持效度这个二级指标以及该二级指标下的三级指标进行指标数据分析，包括二级指标概括论述、三级指标对二级指标的贡献度分析。三级指标从 2019 年情况、2014～2019 年变化趋势、2019 年较 2014 年和 2018 年变化情况、指标所处区位和变化趋势进行分析，并重点分析了最大值、最小值、变动幅度较大的年份。

（一）金融支持效度指数的构成及其变化趋势

北京金融支持效度对应的三级指标为金融业增加值/GDP、人均新增贷款、企业存款/各项存款余额、技术合同成交额/新增贷款四个指标。北京金融支持效度指数在 2015 年下降至 87 后，持续平稳上升，2016 年上升至 91，2017 年上升至 95，2018 年上升至 98，2019 年上升至 99。总的来看，2014～2019 年，北京金融支持效度下降了 1%（见图 5-18）。

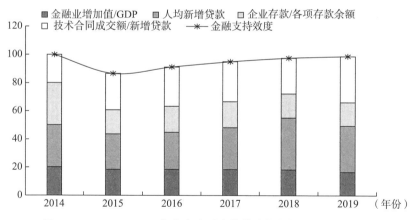

图 5-18　2014～2019 年北京金融支持效度指数构成及变动趋势

北京金融支持效度指数在 2015 年下降的原因在于构成金融支持效度指数的负向指标金融业增加值/GDP 在 2015 年呈现上升趋势，指数由 2014 年的 100 上升至 2015 年的 108，增长了 8%；人均新增贷款、企业存款/各项存款余额两项指标的测评值在 2015 年呈现下降态势，其中人均新增贷款的测评值由 2014 年的 100 下降至 2015 年的 84，下降了 16%，企业存款/各项存款余额的测评值由 2014 年的 100 下降至 2015 年的 57，降幅高达 43%。

2015～2019 年北京金融支持效度指数平稳上升的原因在于金融业增加值/GDP 以及企业存款/各项存款余额 2015～2019 年平稳变化，而技术合同成交额/新增贷款与人均新增贷款变动趋势可以相互抵消。其中技术合同成交额/新增贷款由 2017 年的 142 下降至 2018 年的 127，继而上升至 2019 年的 164，而人均新增贷款在这段时间内的变动趋势正好相反，由 2017 年的 99 上升至 2018 年的 123，继而下降至 2019 年的 110。

从分项指数来看，2014 年报告年度金融业增加值/GDP、人均新增贷款、企业存款/各项存款余额、技术合同成交额/新增贷款四个指标对金融支持效度指数的贡献度分别为 20%、30%、30%、20%。2019 年报告年度金融业增加值/GDP、人均新增贷款、企业存款/各项存款余额、技术合同成交额/新增贷款四个指标对金融支持效度指数的贡献度分别变为 17%、33%、17%、33%（见图 5-19）。

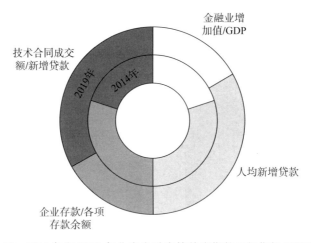

图 5-19 2014 年和 2019 年北京金融支持效度指数三级指标贡献度对比

其中金融业增加值/GDP、人均新增贷款对金融支持效度指数贡献度变化不大，均只波动了 3 个百分点。而企业存款/各项存款余额对金融支持效度指数的贡献度发生了较大幅度下降，由 2014 年的 30% 下降到了 2019 年的 17%，技术合同成交额/新增贷款对金融支持效度指数的贡献度有所上升，由 2014 年的 20% 上升到了 2019 年的 33%。

（二）金融业增加值/GDP 保持平稳

2014~2019 年金融业增加值占 GDP 比重保持平稳，仅在 2018 年发生小幅增长。以 2014 年为基期，2019 年金融业增加值/GDP 指标的测评值为 121，增长率达 21%，年均增长率为 3.9%；2018~2019 年，金融业增加值/GDP 指标的测评值增长了 10%。2018~2019 年金融业增加值/GDP 指标增长率呈现加速趋势。从指标变化趋势看，2018~2019 年金融业增加值/GDP 指标排名略有上升，由第三位变成第二位（见图 5-20 至图 5-22）。

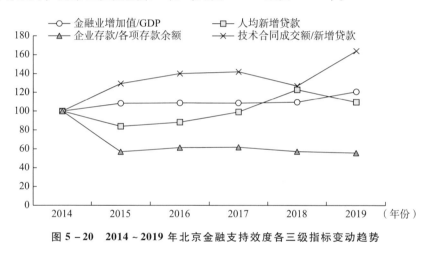

图 5-20　2014~2019 年北京金融支持效度各三级指标变动趋势

（三）人均新增贷款出现回落

2014~2018 年人均新增贷款稳步攀升，在 2018 年达到最高值后开始有所回落。以 2014 年为基期，2019 年人均新增贷款指标的测评值为 110，增长了 10%，年均增长率为 1.92%。以 2014 年为基期，2018 年人均新增贷款测评值为 123。2018~2019 年人均新增贷款的变化趋势较前五年平均变化趋势有很大差异，人均新增贷款由小幅度正向增长变为大幅度负向增长。人均新增贷款处于上游区，为北京市金融支持效度的优势指标。从指标变化趋势看，2018~2019 年人均新增贷款指标排名略有下降，由第二变为第三。2019 年北京市人均新增贷款回落可能是由于居民消费习惯改变或居民消费水平的降低。

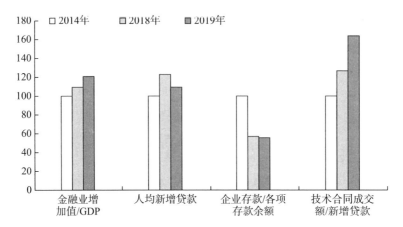

图 5 - 21　北京金融支持效度各三级指标变化

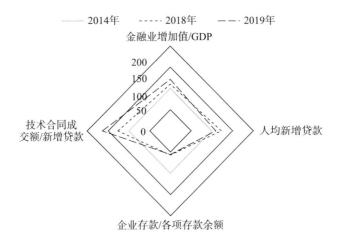

图 5 - 22　北京金融支持效度各三级指标雷达图

（四）企业存款/各项存款余额持续降低

北京市企业存款/各项存款余额在 2015 年发生大幅下降后的四年里伴随着小幅波动下降。以 2014 年为基期，2019 年企业存款/各项存款余额指标的测评值为 56，增长率为 - 44%，年均增长率为 - 10.9%。以 2014 年为基期，2018 年企业存款/各项存款余额测评值为 57。2018～2019 年，企业存款/各项存款余额增长了 - 1.8%。2018～2019 年企业存款/各项存款余额负增长率呈现放缓趋势。

（五）技术合同成交额/新增贷款大幅上升

2014～2017年北京市技术合同成交额/新增贷款经历了一定幅度的上涨，但在2018年出现了一次回落，随后2019年大幅上升。以2014年为基期，2019年技术合同成交额/新增贷款指标的测评值为164，增长率为64%，年均增长率为10.4%；2018年技术合同成交额/新增贷款测评值为127。2018～2019年，技术合同成交额/新增贷款测评值增长了29.1%，呈现加速趋势。技术合同成交额/新增贷款指标处于上游区，为北京市金融支持效度的强势指标。从指标变化趋势看，2018～2019年技术合同成交额/新增贷款指标排位无变化，均为第一。

2019年北京技术合同成交额/新增贷款指标出现大幅上升，一方面是由于2019年北京市人均新增贷款下降，另一方面是由于2019年技术合同成交额增加。而技术合同成交额的增加得益于市场良好创新生态环境的营造，新的促进科技成果转化法通过，以及促进科技成果转化法的若干规定、促进科技成果转移转化行动方案的相继出台。

第六章
北京财经指数：经济成效报告

本章分析了 2014～2019 年北京经济成效分项指数的构成及变动原因。2014～2019 年北京经济成效分项指数稳步增长，增长率为 52%。从经济成效分项指数内部结构来看，增长数量指数、增长质量指数、动能升级指数和对外开放指数均实现了不同程度的增长，其中增长质量指数和动能升级指数增长更为显著，分别增长了 56% 和 87%，是推动经济成效分项指数增长的主要原因。近年来北京坚持供给侧结构性改革和经济高质量发展的总体要求，经济总量稳步提升，经济结构不断优化，经济生产效率显著提升，环境污染治理取得显著成效，战略新兴产业、高技术制造业和现代服务业快速增长，在经济产出的各方面都实现了更高效、更持续的发展。

一 北京经济成效分项指数总体分析

在经济成效方面，2014～2019 年北京经济成效分项指数呈现逐步上升的趋势，总体增长了 52%，其中 2017 年增长最快，增长率为 15.93%，2019 年次之，增长率为 11.76%（见图 6-1）。从经济成效各二级指标的情况分析，2014～2019 年北京动能升级指数增长最快，增长率为 87%，增长质量指数次之，增长率为 56%，增长数量指数则相对增长较慢，增长率为 26%，而对外开放指数各年波动程度较大，总体来看是四个指标中增长率最低的一个指标，增长率为 19%（见图 6-2）。

从经济成效分项指数内部结构来看，动能升级指数和增长质量指数的提高是推动经济成效分项指数上升的主要因素。动能升级指数的加权值由基期的 30，上升为 2019 年的 56，对经济成效分项指数的贡献度达到 37%，上升了 7 个百分点。增长质量指数的加权值由基期的 30，上升为 2019 年的

47，对经济成效分项指数的贡献度从基期的 30%，上升到 2019 年的 31%。而增长数量指数和对外开放指数对于经济成效分项指数的贡献度有所下降，均由基期的 20% 下降到 2019 年的 16%，下降了 4 个百分点。这表明北京经济成效分项指数的增长主要是动能升级和增长质量引起的，增长数量和对外开放对经济成效分项指数的影响较小。

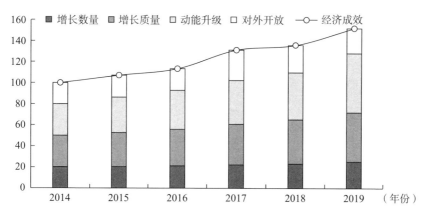

图 6-1 2014～2019 年北京经济成效分项指数构成及变动趋势

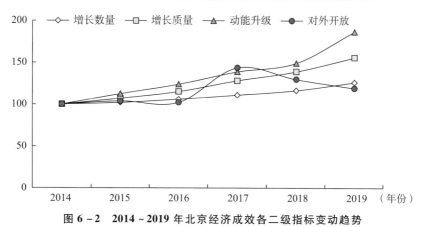

图 6-2 2014～2019 年北京经济成效各二级指标变动趋势

二 增长数量指数分析

（一）增长数量指数构成及其变化趋势

从增长数量方面来看，2014～2019 年北京增长数量指数呈现小幅增长趋势，从 100 增长到 126，总体增长了 26%，上升趋势平稳。从增长数量内部结构来看，人均 GDP 和 GDP 的提高是推动增长数量上升的重要因素。人均 GDP 的加权值由基期的 30，上升为 2019 年的 48，对增长数量的贡献度提升最为显著，从基期的 30%，上升到 2019 年的 38%。GDP 的加权值也由基期的 20，上升为 2019 年的 32，对增长数量指数的贡献度达到 25%，提高了 5 个百分点。而 GDP 增长率对于增长数量指数的贡献度直线下降，由基期的 30% 下降到 2019 年的 20%，下降了 10 个百分点。第三产业占比的加权值从 2016 年起一直保持在 21，但其对于增长数量的贡献度却下降了 3 个百分点，由基期的 20% 下降到 2019 年的 17%（见图 6 - 3）。

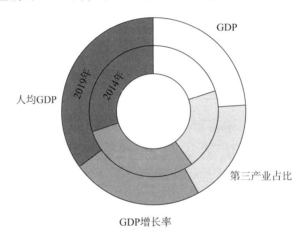

图 6 - 3　2014 年和 2019 年北京增长数量指数三级指标贡献度对比

（二）GDP 指标增长显著

2019 年北京 GDP 为 35371.3 亿元，经过标准化处理后的 GDP 测评值为 161，较 2014 年增长了 61，增长率为 61%。2014～2019 年北京 GDP 呈现稳步增长的趋势，是四个三级指标中增长幅度最大的一个指标。2014～2019 年北京 GDP 年均增长率为 12.2%，其中 2019 年增长幅度最大，增长了 16.67%，而其余各年 GDP 增长幅度变化不大，均为 8% 左右。从对增长数量指数的影响来看，GDP 对增长数量指数的贡献度由 2014 年的 20% 上升至 2019 年的 25%，是推动经济增长数量指数上升的一个主要因素。2014 年习近平总书记视察北京并发表重要讲话，明确了北京在新形势时期的战略定位。近年来北京市深入贯彻落实习近平总书记重要讲话精神，在面对复杂的经济环境和经济转型的挑战下，实现了经济发展稳中求进的目标，经济总量在高质量发展的前提下实现了显著增长（见图 6 - 4 至图 6 - 6，下同）。

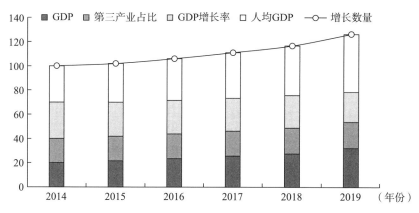

图 6 - 4　2014～2019 年北京增长数量指数构成及变动趋势

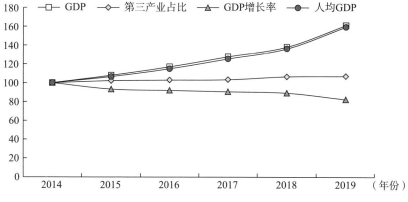

图 6 - 5　2014～2019 年北京增长数量各三级指标变动趋势

（三）第三产业占比指标保持稳定

2019 年北京第三产业占比为 83.5%，经过标准化处理后的第三产业占比测评值为 107。2019 年北京第三产业占比测评值较 2014 年增长了 7，增长率为 7%。2014～2019 年北京第三产业占比基本稳定，仅有小幅增长，5 年内上升了 5.5 个百分点，其中 2015 年上升了 1.7 个百分点，2018 年上升了 2.5 个百分点，其余各年上升幅度很小，2019 年较 2018 年上升了 0.4 个百

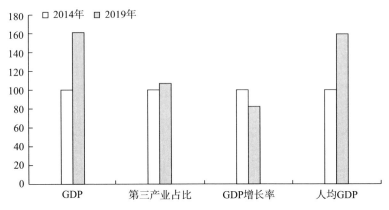

图 6 - 6　2019 年较 2014 年北京增长数量各三级指标变化

分点，低于 5 年内年平均增长水平。2014 年第三产业占比指标对增长数量指数的贡献度为 20%，但这一比例逐年下降，2019 年下降为 17%，第三产业占比对增长数量指数的影响在逐渐减弱。由于北京第三产业占比已达到相当高的水平，增长率放缓，第三产业占比指标基本趋于稳定，预计未来不会出现较大幅度的增长，不能推动增长数量指数的增长。

（四）GDP 增长率指标明显下降

2019 年北京 GDP 增长率为 6.1%，经过标准化处理后的 GDP 增长率测评值为 82。2019 年北京 GDP 增长率的测评值较 2014 年下降了 12，增长率为 -12%。2014～2019 年北京 GDP 增长率逐年下降，5 年内共下降了 1.3 个百分点，年均下降 0.26 个百分点，其中 2019 年较 2018 年下降了 0.5 个百分点，是近 5 年内下降幅度最大的一年，远高于平均下降幅度。与此对应，GDP 增长率对增长数量指数的贡献度也在逐年下降，由 2014 年的 30% 下降至 2019 年的 20%，这说明虽然北京 GDP 和人均 GDP 逐年上涨，但 GDP 增长率不断下降，对增长数量指数产生负向影响，拉低了北京增长数量指数的增长幅度，导致北京增长数量指数上升缓慢。近年来北京市贯彻落实经济高质量发展的根本要求，坚持效益优先原则，不再盲目追求经济数量的高速增长，在经济高质量发展的背景下，北京 GDP 增长率逐年下降，2019 年在面临国际环境复杂多变、中美贸易摩擦及自身经济转型的压力下，北京 GDP 增长率降幅较大，经济下行压力加大。

（五）人均 GDP 指标与 GDP 指标基本一致

2019 年北京人均 GDP 为 16.4 万元，经过标准化处理后的人均 GDP 测评值为 159。2019 年北京人均 GDP 的测评值较 2014 年增长了 59，增长率为 59%。由于近年来北京人口总数变化幅度较小，2014～2019 年北京人均 GDP 的变化趋势与 GDP 总量的变化趋势基本一致，都呈现稳步上升趋势，其中 2019 年增速最快，较 2018 年增长了 16.97%。同 GDP 一样，人均 GDP 也是推动北京增长数量指数上升的主要因素。从对增长数量指数的贡献来看，2014 年人均 GDP 对增长数量指数的贡献度为 30%，2019 年贡献度为 35%，是贡献度增长最大的一个指标，也是对增长数量指数推动作用最强的一个指标。

三　增长质量指数分析

（一）增长质量指数构成及其变化趋势

从增长质量方面来看，2014～2019 年北京增长质量指数呈现逐年上升的趋势且涨幅较大，从 100 增长到 156，总体增长了 56%，其中 2017 年涨幅最大，增长了 15.93%。从构成结构来看，PM2.5 指标的下降是推动增长质量指数上升的主要因素。PM2.5 指标的加权值由基期的 20，上升为 2019 年的 41，对增长质量指数的贡献度从基期的 20% 上升到 2019 年的 26%。人均可支配收入加权值由基期的 30，上升为 2019 年的 46，但对增长质量指数的贡献度有所下降，由 2014 年的 30%，下降至 2019 年的 29%。全员劳动生产率加权值由基期的 30，上升为 2019 年的 44，对增长质量指数的贡献度由 2014 年的 30%，下降至 2019 年的 28%。单位 GDP 能耗对增长质量指数的贡献度下降最为显著，加权值由 20 上升至 25，贡献度由 20% 下降至 16%（见图 6－7）。增长质量指数及其构成的变化说明近年来北京经济增长更加注重经济效率，资源利用能力不断提高，劳动生产效率显著提升，人民生活水平有了较大改善，特别是大气污染治理取得显著成效，经济增长质量稳步提升。

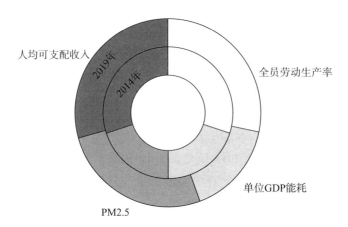

图 6 - 7　2014 年和 2019 年北京增长质量三级指标贡献度对比

（二）全员劳动生产率指标显著提高

2019 年北京全员劳动生产率为 27.79 万元/人，经过标准化处理后的全员劳动生产率的测评值为 146，较 2014 年增长了 46，增长率为 46%。2014～2019 年北京全员劳动生产率不断增长，同时全员劳动生产率的增长速率也在不断上升，2015 年较 2014 年增长了 5.26%，而 2019 年较 2018 年增长了 13.45%，这说明北京的生产效率不断提高，且未来还有进一步高速增长的趋势，全员劳动生产率成为推动北京经济增长质量指数提升的一个重要因素。尽管全员劳动生产率逐年上升，但其对增长质量指数的贡献度却略有下降，由 2014 年的 30%，下降至 2019 年的 28%。随着北京持续推进非首都功能疏解和人口疏解，北京劳动力数量有所减少但质量不断提升，同时随着北京经济转型稳步推进，高精尖高技术产业快速发展，北京经济产出效率不断提升，2018 年北京首次将社会劳动生产率列入经济社会发展的主要目标之一，也体现了北京追求经济高质量发展的目标（见图 6 - 8 至图 6 - 10，下同）。

（三）单位 GDP 能耗指标逐年下降

2019 年单位 GDP 能耗为 0.25 吨标准煤/万元，经过标准化处理后的单位 GDP 能耗的测评值为 79。2019 年北京单位 GDP 能耗的测评值较 2014 年

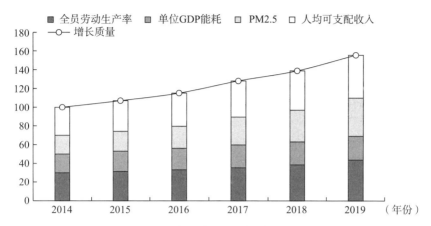

图 6 - 8 2014～2019 年北京增长质量指数构成及变动趋势

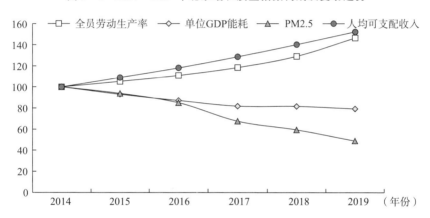

图 6 - 9 2014～2019 年北京增长质量各三级指标变动趋势

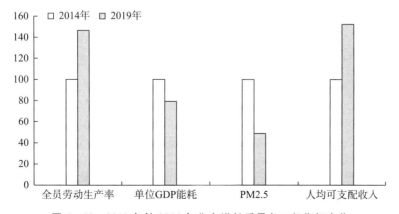

图 6 - 10 2019 年较 2014 年北京增长质量各三级指标变化

下降了21，增长率为－21%。虽然北京单位GDP能耗不断下降，但近两年下降速度有所减缓，2015～2017年增长率在－6.5%左右，而2019年增长率为－2.79%，这说明尽管单位GDP能耗逐年下降，但对增长质量指数的贡献度在逐渐减小，是四个三级指标中对增长质量指数贡献度下降最大的指标。2017年北京市政府印发了《北京市"十三五"时期能源发展规划》，在加快实现能源发展方式转变和能源发展质量提升的要求下，北京积极实施各项节能减排政策，加快推进煤炭去产能，生态环境保护持续加强，产业结构和能源结构不断优化，清洁能源使用比例持续提高，资源利用效率不断提升，经济取得了更高质量的发展。

（四）PM2.5指标较基期减半

2019年北京PM2.5年均浓度为42微克/立方米，经过标准化处理后的PM2.5的测评值为49。2019年北京PM2.5测评值较2014年下降了51，增长率为－51%。2014～2019年北京PM2.5逐年下降且降幅较大，这是北京经济增长质量指数提升的重要原因。5年中2017年降幅较大，一年内下降了20.55%，成为近5年中PM2.5下降幅度最大的一年，2019年北京PM2.5仍然保持着高速下降的趋势，下降了17.65%，这说明首都大气污染治理工作正在稳步推进，预计未来PM2.5的下降仍然是北京增长质量指数提高的重要动力之一。2014～2019年PM2.5对增长质量指数的贡献度也在大幅上升，由2014年的20%上升至2019年的26%，是四个指标中贡献度上升最大的一个指标。近年来北京出台大量大气污染治理政策，积极发展绿色交通，大力发展清洁能源，深化工业污染治理，加快产业结构调整，加强生态环保建设，同时建立了更加完善的大气污染物监测体系和责任落实制度，在政府的大力举措下，北京的大气污染治理工作取得了显著成效，PM2.5指标持续大幅下降。

（五）人均可支配收入指标直线上升

2019年北京人均可支配收入为67756元，经过标准化处理后的测评值为152。2019年测评值较2014年增长了52，增长率为52%。2014～2019年北京人均可支配收入直线上升，各年增长幅度变化不大，都在9%左右，其中 2016 年增长幅度最大，增长了 9.7%。这说明在 GDP 增长的同时，北京的人均可支配收入也在快速增长，经济增长的同时也促进了人民生活质量的提高，人均可支配收入的增长是北京经济增长质量指数提升的主要动因之一。北京人均可支配收入的上升得益于北京市政府推进的各项民生政策，在稳定就业方面，北京市政府推行了一系列就业帮扶措施，城镇调查失业率维持在较低水平，为居民收入增长提供了基本保障。在降低个税方面，提高个税起征点、实施专项附加扣除等减税政策推动了居民可支配收入的上升。在社保政策方面，北京市上调了各项社会保障标准，加强了政府转移支付力度，这也成为居民可支配收入上升的重要原因。

四　动能升级指数分析

（一）动能升级指数构成及其变化趋势

在动能升级方面，2014～2019 年北京动能升级指数大幅上升，从 100 增长至 187，增长了 87%，其中 2019 年增速最大，较 2018 年增长了 25.5%，这说明北京产业结构不断优化，产业结构正在向高精尖高技术制造业和服务业推进。从内部结构来看，战略新兴产业增加值和新增发明专利授权数是推动动能升级指数上升的重要因素。战略新兴产业增加值的加权值由 20 上升至 49，对动能升级指数的贡献度增长最大，由 2014 年的 20% 上升至 2019 年的 26%。新增发明专利授权数的加权值由 2014 年的 20，上升至 2019 年的 46，对动能升级指数的贡献度提升也较为显著，由 2014 年的 20% 上升至 2019 年的 25%。高技术制造业工业总产值加权值由 30 增长至 37，但其对动能升级指数的贡献度却直线下降，由 2014 年的 30% 下降至 2019 年的 20%。现代服务业产业增加值加权值由 2014 年的 30，增长至 2019 年的 54，但其对动能升级指数的贡献度也有所下降，由 30% 下降至 29%（见图 6－11）。

（二）战略新兴产业增加值指标2019年翻倍

2019 年战略新兴产业增加值为 8405.5 亿元，经过标准化处理后的测评

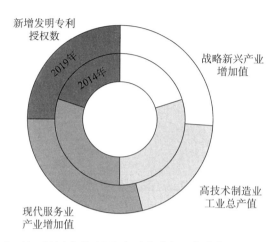

图 6－11 2014 年和 2019 年动能升级三级指标贡献度对比

值为 246。2019 年的测评值较 2014 年增长了 146，增长率为 146%。2014～2019 年北京战略新兴产业增加值呈现持续上升趋势，成为支持经济增长的重要力量。2014～2019 年战略新兴产业增加值增长最快的一年为 2019 年，一年内上升了 72.03%。2014～2019 年战略新兴产业增加值对动能升级指数的贡献度有所波动，2014 年该比例为 20%，2015 年和 2016 年有所下降，之后开始上升，2019 年上升幅度最大，由 2018 年的 19% 上升至 26%，总体来看战略新兴产业增加值对动能升级指数的影响作用有所增强。近年来北京市持续深度推进产业结构优化升级，在北京市政府的大力引导下，北京战略新兴产业增加值持续增长，2018 年北京市政府下发《北京市关于加快培育和发展战略新兴产业的指导意见》，在政策指导下，2019 年北京战略新兴产业实现了翻倍增长（见图 6－12 至图 6－14，下同）。

（三）高技术制造业工业总产值指标逐年上升

2019 年高技术制造业工业总产值为 4621.4 亿元，经过标准化处理后的测评值为 124，较 2014 年增长了 24，增长率为 24%。2014～2019 年北京高技术制造业工业总产值呈现逐年增长趋势，但增长幅度较小，2015 年较 2014 年高技术制造业工业总产值有所下降，下降了 5.83%，但从 2016 年开始回升，2016 年增长了 1.83%，2017～2018 年每年增长 10% 左右，2019 年增长了 9.3%，这说明高技术制造业正在成为经济发展的重要增长点。尽管

图 6-12　2014~2019 年北京动能升级指数构成及变动趋势

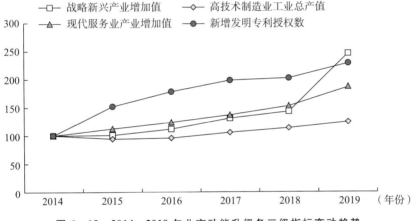

图 6-13　2014~2019 年北京动能升级各三级指标变动趋势

高技术制造业工业总产值逐年增长，但其对动能升级指数的贡献度在不断下降。2018 年北京市政府发布《北京市"十三五"时期高技术产业发展规划》，积极推进高技术制造业创新升级，围绕优化创新生态，北京市政府发布多项政策，推进"三城一区"创新主平台建设，推动出台促进科技成果转化条例，强化知识产权保护，优化创新金融环境，使高技术制造业工业总产值持续稳定增长。

（四）现代服务业产业增加值指标持续提高

2019 年北京现代服务业产业增加值为 17590.45 亿元，经过标准化处理

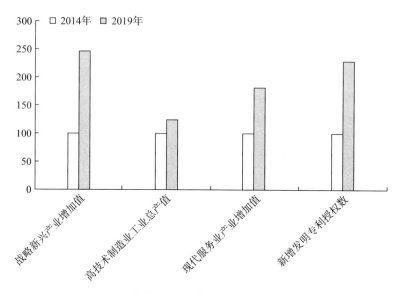

图 6-14　2019 年较 2014 年北京动能升级各三级指标变化

后的测评值为 182，较 2014 年增长了 82，增长率为 82%。2014~2019 年北京现代服务业产业增加值呈现稳步上升趋势，其中前四年增速变化不大，而 2019 年增速略有提升，为 18.61%，这说明北京现代服务业产业增加值逐年提高且有进一步增长的趋势，现代服务业的发展较为稳定地推动北京经济的增长，是北京动能升级指数不断提升的一个重要因素。2014 年现代服务业产业增加值对动能升级指数的贡献度为 30%，2019 年为 29%，仅有很小幅度的下降，说明现代服务业产业增加值对动能升级指数的支持作用较为稳定，影响程度变化不大。为加快科技创新和构建高精尖经济结构，近年来北京持续出台多项土地、财政、人才等相关政策，进一步优化金融信贷营商环境，促进服务业与科技融合发展，提升服务业发展质量，使金融、科技、信息和商务服务等产业实现了较快增长。

（五）新增发明专利授权数指标保持高增长水平

2019 年北京新增发明专利授权数为 53127 件，经过标准化处理后的测评值为 229，较 2014 年增长了 129，增长率为 129%。2014~2019 年北京新增发明专利授权数总体呈现增长趋势，增速有所波动，其中 2015 年增速最大，增长了 51.95%，其后各年增速有所下降，2018 年增速最低，仅增长了 1.93%。从对动能升级指数的影响来看，5 年内新增发明专利授权数对动能升级指数的贡献度有所提升，由 20% 上升至 25%，对动能升级指数的支持作用在不断加强。为促进科技发展和鼓励专利发明，北京对专利发明实施了一系列资助奖励政策，同时不断加强知识产权保护，优化科技创新环境，使新增发明专利授权数指标保持高增长水平。

五　对外开放指数分析

（一）对外开放指数构成及其变化趋势

在对外开放方面，2014～2019 年北京对外开放指数在波动中上升，尤其是 2017 年骤升至 144，超过其他三个指数（增长数量指数、增长质量指数、动能升级指数）。从对外开放指数内部结构来看，FDI 规模和出口规模是推动对外开放指数上升的主要因素。FDI 规模的加权值由基期的 30，上升为 2019 年的 47，对对外开放指数的贡献度提升最为显著，从基期的 30%，上升到 2019 年的 39%。出口规模加权值由基期的 30，上升为 2019 年的 40，对对外开放指数的贡献度由 30% 上升至 34%。入境人数加权值由基期的 20，下降为 2019 年的 18，对对外开放指数的贡献度下降最大，由 20% 下降至 2019 年的 12%。进出口规模/GDP 对对外开放指数的贡献度也有所下降，加权值由 20 下降至 18，贡献度由 20% 下降至 15%（见图 6 – 15）。

（二）FDI 规模指标2017年后大幅回落

2019 年北京 FDI 规模为 142.1 亿美元，经过标准化处理后的 FDI 规模测评值为 157，较 2014 年增长了 57，增长率为 57%。2014～2017 年北京 FDI 规模整体呈上升趋势且增幅较大，不同年间的波动非常明显，前 3 年上升了 169.14%，2017 年上升尤为显著，一年内上升了 86.72%，2017 年达到峰值 243.3 亿美元，之后两年呈下降趋势，2018 年和 2019 年分别较前一年下降了 28.85% 和 17.91%。FDI 规模是影响北京对外开放指数的关键因素，而北京 FDI 规模近两年已呈现下降趋势，推动着对外开放指数的下降。

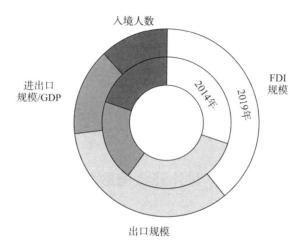

图 6-15　2014 年和 2019 年北京对外开放指数三级指标贡献度对比

对于 FDI 规模对对外开放指数的贡献度，2014 年该比例为 30%，之后持续上升至 2018 年的 56.64%，近两年有所下降，2019 年该比例为 39.5%。受全球经济下行压力及全球 FDI 规模持续下降的影响，我国面临着复杂严峻的投资形势，2018 年全球 FDI 规模下降了 19%，以此为背景，北京 FDI 规模也出现了大幅下降（见图 6-16 至图 6-18，下同）。

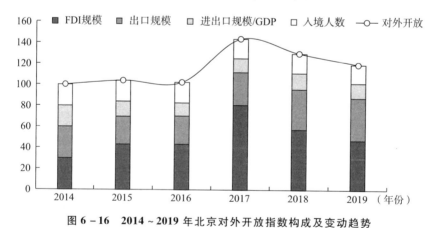

图 6-16　2014～2019 年北京对外开放指数构成及变动趋势

（三）出口规模指标 2017 年起呈现上升趋势

2019 年北京出口规模为 5167.8 亿元，经过标准化处理后的出口规模测

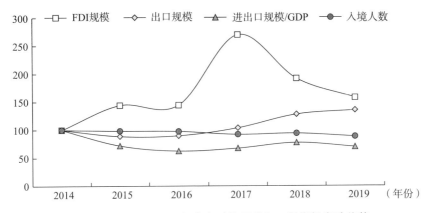

图 6 - 17　2014～2019 年北京对外开放各三级指标变动趋势

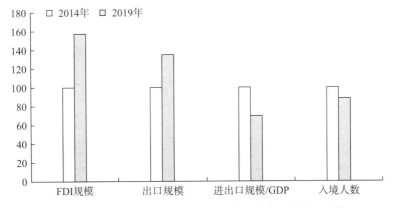

图 6 - 18　2019 年较 2014 年北京对外开放各三级指标变化

评值为 135，较 2014 年增长了 35，增长率为 35%。2014～2019 年北京出口规模整体呈上升趋势，仅 2015 年下降了 11.34%，之后 4 年均稳步上升，其中 2018 年增速最大，为 23.12%，2019 年增速放缓，为 5.93%。出口规模对对外开放指数的贡献度在近 5 年内也有所提高，由 2014 年的 30% 上升至 2019 年的 39.5%。2017 年起北京出口规模指标呈上升趋势的主要原因是北京市政府出台了一系列促进外贸稳定增长的政策措施，同时"一带一路"为北京外贸带来了新的动力。

（四）进出口规模/GDP 指标波动中下行

2019 年北京进出口规模/GDP 指标值为 0.81，经过标准化处理后的测评值为 70，较 2014 年下降了 30，增长率为 -30%。北京进出口规模/GDP 在 2014～2019 年有所波动，但整体呈下降趋势，其中 2017 年和 2018 年出现小幅增长，但 2019 年又继续回落，较 2018 年下降了 9.61%，这说明进出口对北京 GDP 的拉动作用在逐渐减弱，进出口规模/GDP 的下降影响了北京对外开放指数的下降。2014 年进出口规模/GDP 对对外开放指数的贡献度为 20%，2019 年该比例下降至 15%，对对外开放指数的贡献度出现了很大程度的减弱。

（五）入境人数指标小幅降低

2019 年北京入境人数为 376.9 万人次，经过标准化处理后的测评值为 88，较 2014 年下降了 12，增长率为 -12%。2014～2019 年北京入境人数呈现小幅下降的趋势，仅 2018 年出现小幅增长，其余各年均有所下降，其中 2017 年和 2019 年降幅较大，分别较前一年下降了 5.74% 和 5.87%。入境人数的下降是北京对外开放指数下降的原因之一，但由于其下降幅度较小，对对外开放指数的影响较小。

第七章
北京财经指数横向分析报告

随着财政发展和金融发展对实体经济影响理论研究的不断深入，我国各区域逐渐意识到财政和金融协同对于经济发展和社会进步的重要性。为了给北京市财政发展和金融发展提供经验借鉴，本章选取了上海、广州、深圳和重庆四大城市，在分析北京市的财经指数、财经指数分项指数的排名与变动的同时，也对这四大城市进行描述和比较。本章旨在对这四大城市的财政发展和金融发展进行经验性总结，为优化北京市财经指数提供新的思路，为北京市对财政、金融和实体经济的进一步改革提供经验借鉴。

一 北京财经指数总体方位分析

（一）北京财经指数稳居前列

从财经指数变动趋势来看，五大城市的排名顺序总体而言较为稳定，其中，上海、深圳和北京一直稳居前列，广州和重庆一直位列榜尾（见图7-1）。此外，结合比较六年来各城市财经指数具体数值，不难看出，北京、上海和深圳三者的财经指数总体差异不大，同属于第一梯队，而广州和重庆则属于第二梯队。2019年北京财经指数与名列第一的上海仅相差3.02。除2016年外，北京、上海、深圳三者的财经指数差距均很小。2016年上海的债务收入急剧攀升，使其财政实力指数急剧增长，进而使其财政支持分项指数同步增长，并最终导致北京与上海的财经指数在2016年差距较大。

结合分析财经指数项下的一级指标可以看出，北京市财经指数稳居前列得益于其金融支持分项指数和财政支持分项指数，尤其是金融支持分项指数。2019年，北京市财经指数排名第三，其项下的金融支持分项指数稳

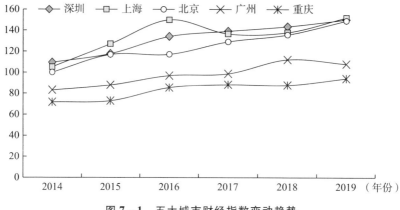

图7-1　五大城市财经指数变动趋势

居第一；财政支持分项指数排名第二，与第一名的上海市相差27.09；经济成效分项指数排名第三，与第一名的深圳市差距较大，二者相差75.85。自2014年以来，北京市的金融支持分项指数一直位居榜首，其财政支持分项指数一直位列前三，而其经济成效分项指数则在第三名和第四名之间徘徊。与其不同的是，上海市的金融支持分项指数、财政支持分项指数和经济成效分项指数均稳居前列，而深圳市的财经指数主要得益于其经济成效分项指数。

相比于上海市，北京市应改善财政支持分项指数。具体来说，应主要提高其财政实力指数，加大其财政支持力度指数。结合比较财政支持分项指数项下的二级指数，可以看出，北京市的财政实力指数、财政支持力度指数与第一名的上海市差距较大。因此，为了优化北京市的财经指数，可以通过提高其财政实力指数、加大其财政支持力度指数来改善其财政支持分项指数，缩小其与上海市的财经指数的差距。

相比于深圳市，北京市应提高经济成效分项指数。具体来说，应主要加大其对外开放力度，提高其增长质量，加快其动能升级。结合比较经济成效分项指数项下的二级指数，可以看出，北京市的对外开放、增长质量、动能升级与第一名的深圳市差距较大。因此，为了优化北京市的财经指数，可以通过加大其对外开放力度、提高其增长质量、加快其动能升级来提高其经济成效分项指数，缩小其与深圳市财经指数的差距。

（二）财经指数增长趋势稳健

五大城市的财经指数在总体上均呈增长趋势，但其增长速度不尽相同（见表 7-1）。其中，北京市的财经指数保持着 2014 年以来的稳步增长趋势，其平均增长速度为 8.44%。北京市的财经指数一直位列第三，除 2016 年其增速较为缓慢外，其余年份的增速均保持在较高水平。2019 年，北京市财经指数的增速回升至 9.80%，这是由于其金融支持分项指数和经济成效分项指数较 2018 年均有大幅度增长。北京市的金融支持分项指数和财政支持分项指数在 2016 年均有不同程度的下降，是这一年北京市财经指数增速放缓的原因。深圳市的财经指数一直保持着增长态势，其平均增长速度为 6.59%，除 2016 年增速波动较大，其余年份的增速均保持稳定。上海市和重庆市的财经指数呈现在波动中稳步增长的趋势，其平均增长速度分别为 8.21%、5.81%。广州市财经指数的平均增长速度为 5.58%。值得注意的是，2019 年广州市的财经指数出现了自 2014 年以来的首次下降，这主要是因为广州债务收入 2018 年大幅增加，2019 年大幅减少到以往水平，导致其财政实力指数、财政支持分项指数出现先增长后下降的趋势，并进而导致其财经指数呈现 2018 年先大幅增长后于 2019 年下降的局面，但在总体上，广州市的财经指数呈现增长的趋势。

表 7-1　五大城市财经指数增长速度

单位：%

城市	2015 年	2016 年	2017 年	2018 年	2019 年
深圳	7.62	13.81	3.76	3.20	4.57
上海	20.72	17.95	-8.84	0.99	10.22
北京	16.85	0.15	10.24	5.15	9.80
广州	5.95	10.16	1.90	13.57	-3.68
重庆	1.79	17.16	3.36	-0.59	7.32

资料来源：依据财经指数模型数据计算。

与 2014 年相比，2019 年五大城市的财经指数均有所增长。其中，北京市的财经指数增长量最大；其次是上海市，其与北京市的增长量仅相差 2；第三名是深圳市，其与北京市的增长量差距为 6；而重庆市的增长量最小，广州市次之，二者与北京市的增长量分别相差 26、24。值得注意的是，前三名的增长量差距不大，而广州市和重庆市的增长量与前三名差距较大，其中，北京市的增长量约为广州市和重庆市的两倍。

二　财经指数分项指数横向比较与趋势

（一）财经指数分项指数横向比较

1. 北京市金融支持分项指数稳居首位

财经指数一级分项指数中，金融支持分项指数的排名总体而言较为稳定，其中北京市的金融支持分项指数一直位列五大城市之首，上海市紧居其后（见图7-2）。由金融支持分项指数下的二级指数可以看出，2014～2019年这两个城市的金融实力和金融支持力度较强、可持续性较高。2016年深圳市金融支持分项指数排名超过上海市，成为第二名，但在2017年又回落至第三名。广州市的金融支持分项指数排名始终保持在第四位，重庆市金融支持分项指数排名保持在五大城市的末位。从数值来看，北京市的金融支持分项指数远高于其他四个城市，与第二名的上海市平均相差29.5，是重庆市的两倍。上海市、深圳市和广州市的指数值差距较小，重庆市金融支持分项指数与第四名的广州市平均相差21.27，且差距逐年扩大。

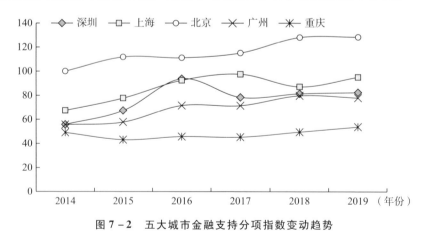

图7-2　五大城市金融支持分项指数变动趋势

2. 上海市与重庆市财政支持分项指数位居前列

财政支持分项指数的排名及变化情况与金融支持分项指数相比而言有

较大的差异，上海市、重庆市的排名跃至前列（见图7-3）。其中，上海市的财政支持分项指数排名稳居五大城市第一位，其在财政实力和财政支持力度指数的表现也优于其他城市。重庆市2014年排名第二位，2015年被北京市赶超，随后又升至第二位，从2018年起回落至第三位，北京市的财政支持分项指数排名虽然伴随着重庆市有所波动，但总体呈上升趋势，自2018年开始仅次于上海市。深圳市和广州市的财政支持分项指数排名分别保持在第四位和第五位。从数值来看，上海市财政支持分项指数的波动较大，2015～2016年出现激增，分别超出当年第二名城市35.52和72.29，2017年又出现骤降，仅与第二名重庆市相差7.75。其余城市中，北京市与重庆市指数差距较小，深圳市与广州市指数差距较小，上海市与广州市的财政支持分项指数平均相差72.85。

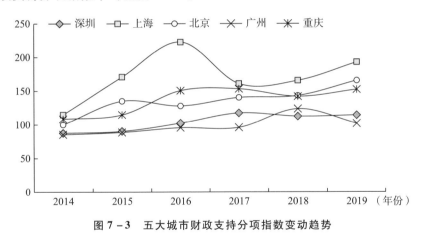

图7-3 五大城市财政支持分项指数变动趋势

3.深圳市经济成效分项指数远高于其他城市

五大城市经济成效分项指数的排名情况也较为稳定，排名前列的是深圳市和上海市（见图7-4）。其中，深圳市经济成效分项指数始终位列第一名，分析经济成效分项指数下的二级指数可知，这主要得益于深圳市近年在动能升级方面取得的成绩，尤其是战略新兴产业增加值和高技术制造业工业总产值指标远高于其他城市。2014～2016年，经济成效分项指数排名第二的是上海市，其次是广州市；自2017年起，北京市的排名超过广州市，位居第三，分析经济成效二级指数可知，这是由于北京市在动能升级和对外开放方面取得了较大进步。重庆市的经济成效分项指数始终排在五大城市末位。从数值看，深圳市经济成效分项指数远高于其他四个城市，平均超出第二名上海市51.66。上海、北京和广州指数差距较小，其中北京市和广州市2014～2016年平均相差仅2.75，之后稍有扩大。末位的重庆市与其他城市相比经济成效分项指数较小，深圳市经济成效分项指数达到重庆市的两倍到三倍。

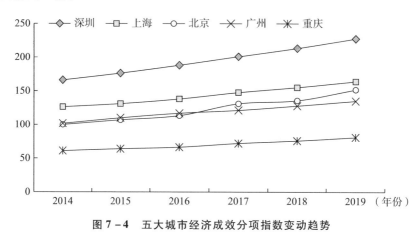

图7-4　五大城市经济成效分项指数变动趋势

（二）财经指数分项指数趋势分析

1. 金融支持分项指数总体呈上升趋势

五大城市的金融支持分项指数总体呈上升趋势，但深圳市2017年出现较大幅度下降（见图7-2）。其中北京市金融支持分项指数排名第一，除2016年略有下降外，其余年份均保持增长，且2015年、2018年增长幅度较大，2019年增长幅度放缓。上海市金融支持分项指数排名第二，2015～2016年增长率较高，但在2018年出现下降（见表7-2）。深圳市金融支持分项指数排名第三，且2015～2016年大幅上升，两年增长率均为五大城市中最高，2016年排名超过了上海市，2017年又有所回落，随后保持小幅度增长。广州市金融支持分项指数位列第四，除2017年与2019年有小幅下降外，其他年份都呈增长趋势，且2016年增长幅度较高，仅次于深圳市。重庆市金融支持分项指数排名第五，且较其他四个城市而言，增长幅度始终较小，2015年和2017年均出现下降趋势。

表 7 - 2　五大城市金融支持分项指数增长率变化

单位：%

城市	2015 年	2016 年	2017 年	2018 年	2019 年
深圳	20.71	39.24	- 16.40	3.83	1.25
上海	15.21	18.98	5.50	- 10.64	9.12
北京	11.77	- 0.61	3.60	11.27	0.29
广州	3.70	24.04	- 0.15	11.53	- 2.21
重庆	- 12.20	6.12	- 1.04	9.36	8.51

资料来源：依据财经指数模型数据计算。

2019 年与 2014 年相比，各城市的金融支持分项指数均有所增长，平均增量为 21.92（见图 7 - 5）。其中北京市增长量最多，其次为上海市，第三名为深圳市，前三名城市的指数变动差距较小，平均仅相差 0.91，第四名为广州市。重庆市金融支持分项指数的增长量最少，2019 年仅比 2014 年增长 4.62。北京市金融支持分项指数增长量约为重庆市指数增长量的六倍。

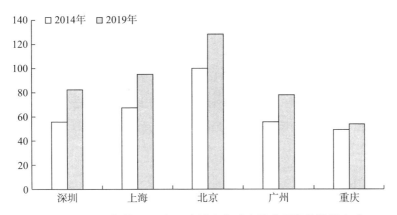

图 7 - 5　2019 年较 2014 年五大城市金融支持分项指数增长变动

2. 财政支持分项指数呈波动上升趋势

相较金融支持分项指数的变化情况而言，五大城市的财政支持分项指数的增长并不稳定，总体呈现波动上升的趋势（见图 7 - 3）。指数排名第一位的上海市 2015 ~ 2016 年增长率较高，2017 年出现骤降，之后保持小幅度的上升，但并未超过 2016 年 222.86 的峰值。北京市 2015 年增长率仅次于上海市，但 2016 年有所下降，指数排名被重庆市赶超，之后保持增长趋势，自2018年起重新回到第二位。重庆市除2018年出现小幅下降外，其余年份均保持不同幅度的增长，且2016年增长率为五大城市最高。深圳市和广州市的增长水平总体而言较低，平均增长率分别仅达到6%和5%。其中广州市2018年增长率为28.76%，在五大城市中最高，但2019年又出现17.57%的下降，其近年财政支持分项指数的波动较大（见表7-3）。

表7-3　五大城市财政支持分项指数增长率变化

单位：%

城市	2015年	2016年	2017年	2018年	2019年
深圳	3.08	13.33	14.74	-4.16	1.58
上海	48.88	30.38	-27.83	2.96	16.41
北京	35.01	-5.28	9.71	2.06	15.70
广州	3.97	7.70	0.43	28.76	-17.57
重庆	5.88	31.29	1.67	-7.27	7.26

资料来源：依据财经指数模型数据计算。

　　与2014年相比，2019年各城市的财政支持分项指数均有较大程度的增长，平均变动量为46.15（见图7-6）。其中上海市增长量最多，其次为北京市，前两名城市的指数变动较大，分别为77.95和65.67，第三为重庆市。深圳市和广州市财政支持分项指数的增长变动量较少，其中广州市2019年仅比2014年增长16.51。上海市财政支持分项指数增长量约为广州市指数增长量的五倍。

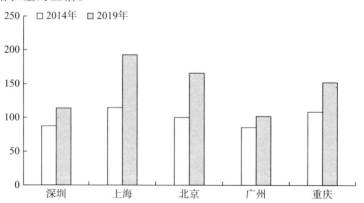

图7-6　2019年较2014年五大城市财政支持分项指数增长变动

3.经济成效分项指数稳步增长

五大城市的经济成效分项指数均呈现稳定上升趋势，其中北京市增长较快，2017 年赶超广州市（见图 7-7）。深圳市指数远高于其他城市，名列第一位，其经济成效分项指数增长率也稳定在 6% 到 7%（见表 7-4）。上海市经济成效分项指数排名第二，平均增长率为 5.38%，略低于深圳市，因此随年份增加深圳市与上海市的指数差距逐渐加大。北京市 2014 年排名第四位，但 2017 年与 2019 年均出现较大幅度增长，超越广州市成为第三名，且 2015~2019 年的平均增长率达到 8.79%，为五大城市首位。广州市经济成效分项指数 2014 年排名第三，但其增长率 2015~2017 年逐渐降低，2017 年被北京市赶超，2018 年起增长率稳定在 5.5% 左右。2015~2019 年，重庆市经济成效分项指数排名在五大城市末位，但平均增长率为 5.84%，与广州市基本持平，其经济成效分项指数基数较低，因此在增长率达到平均水平的情况下，与其他四个城市指数值仍有一定差距。

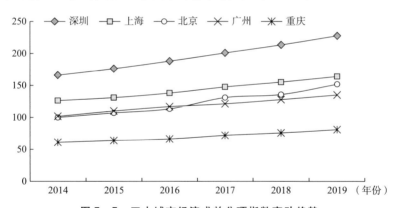

图 7-7　五大城市经济成效分项指数变动趋势

表 7-4　五大城市经济成效分项指数增长率变化

单位：%

城市	2015 年	2016 年	2017 年	2018 年	2019 年
深圳	6.12	6.70	6.83	6.24	6.70
上海	3.73	5.32	6.95	5.14	5.74
北京	7.05	5.89	15.56	3.60	11.87
广州	8.12	6.19	3.75	5.46	5.69
重庆	4.78	3.74	8.51	5.37	6.82

资料来源：依据财经指数模型数据计算。

2019 年各城市的经济成效分项指数与 2014 年相比均有较大程度的增长，平均变动量为 40.91。其中深圳市增长量最多，增长 61.64。第二名为北京市，然后为上海市，两者变动量较为接近，仅相差 4.41。重庆市经济成效分项指数的增长变动量最少，2019 年仅比 2014 年增长 20.0，但相较于其在金融支持分项指数上的增长量而言，其在经济成效上的进步较为显著（见图 7－8）。

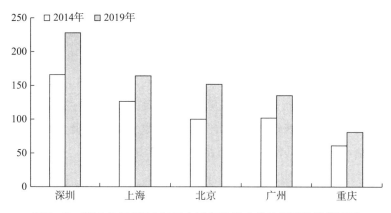

图 7－8　2019 年较 2014 年五大城市经济成效分项指数增长变动

三　上海、广州、深圳和重庆财经指数趋势分析

（一）上海财经指数分项指数趋势分析

由第一节分析可知，上海市财经指数排名一直位于五大城市前列，其项下各一级指数总体表现良好，其中上海财政支持分项指数稳居第一，经济成效分项指数名列第二，金融支持分项指数保持在第二位。从构成情况来看，财政支持分项指数和经济成效分项指数占总指数的比例较大，增长较快，这也是上海市财经指数名列前位的重要原因（见图 7－9）。其中财政支持分项指数的增长十分显著，2019 年较 2014 年增长了 67.74%，金融支持和经济成效的增长幅度较小，但增长较为稳定（见图 7－10）。

1. 上海市金融支持分项指数稳定上升

由第二节分析可知，上海市金融支持分项指数总体而言在五大城市中

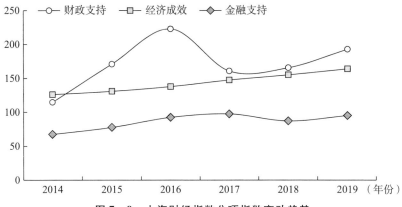

图 7 – 9　上海财经指数分项指数变动趋势

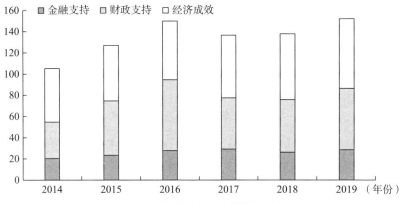

图 7 – 10　上海财经指数分项指数增长变动

表现良好，排名稳定在第二位，2019 年较 2014 年金融支持分项指数增长变动量也仅次于北京市。从变化趋势来看，除 2018 年略有下降外，上海市金融支持分项指数总体呈现稳定上升趋势；从指数构成来看，上海市金融支持分项指数的优势主要来源于金融实力、金融支持力度和金融可持续性方面（见图 7 – 11）。

2015 ~ 2017 年，上海金融支持分项指数平均增长率为 13.23%，增长幅度较为稳定，但在 2018 年下降了 10.64%，之后继续增长（见表 7 – 5）。分析二级指数可以发现，金融支持力度指数的大幅下降是上海市 2018 年金融支持分项指数下降的主要原因（见图 7 – 12）。2018 年，上海市新增贷款、社会融资规模和新增股票融资均出现不同程度的下降，其中新增股票融资指数由 127 跌至 21，社会融资规模增量从 91 跌至 45，对金融支持力度指数

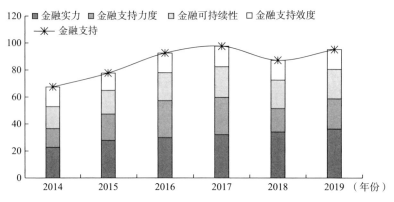

图7-11　上海金融支持分项指数构成及变动趋势

产生了剧烈影响，进而使上海市金融支持分项指数在2018年出现下降。此外，金融可持续性指标2018年的小幅下降在一定程度上也对上海金融支持分项指数产生了影响。上海金融实力指数始终保持稳定上升，是上海金融支持分项指数增长的主要动力，而金融支持效度指数总体波动幅度不大。

表7-5　上海金融支持分项指数及其增长率

年份	金融支持分项指数	金融支持分项指数增长率（%）
2015	77.71	15.21
2016	92.46	18.98
2017	97.54	5.50
2018	87.16	-10.64
2019	95.10	9.12

资料来源：依据财经指数模型数据计算。

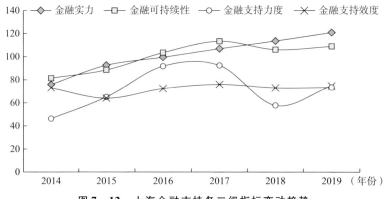

图7-12　上海金融支持各二级指标变动趋势

2. 上海市财政支持分项指数稳居首位

2014～2019年，上海市的财政支持分项指数一直保持在五大城市首位，且2019年较2014年的增长变化值也是五大城市中最高的。从变化趋势来看，上海市财政支持分项指数呈现先大幅上升再急剧下降，后稳步上升的趋势；对财政支持二级指数分析可知，上海市在财政实力和财政支持力度上的优势是其在财政支持分项指数上表现良好的重要原因（见图7-13）。

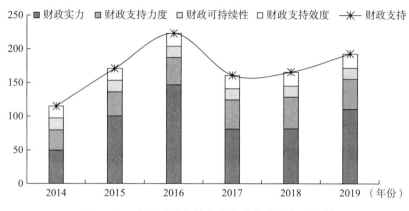

图 7-13 上海财政支持分项指数构成及变动趋势

2015～2016年，上海财政支持分项指数保持高速增长，平均增长率达到39.63%，但随即在2017年出现了27.83%的下降，随后逐渐回升，且增长率逐渐增大（见表7-6）。分析二级指数可以发现，上海市财政支持力度、财政支持效度和财政可持续性指标的变化幅度较小，总体呈上升趋势，但财政实力的变动十分显著，除在2017年有一个较大幅度的下降以外，其余年份都保持增长趋势（见图7-14），其中2015～2016年增长十分可观，

表 7-6 上海财政支持分项指数及其增长率

年份	财政支持分项指数	财政支持分项指数增长率（%）
2015	171	48.88
2016	223	30.38
2017	161	-27.83
2018	166	2.96
2019	193	16.41

资料来源：依据财经指数模型数据计算。

其原因在于上海市债务收入 2014～2016 年急剧增加，债务收入指数从 94 增加至 1630，其间我国坚持实施积极的财政政策，2016 年财政部核定上海市自行组织发行的地方政府债券总量为 1033 亿元，较之前有较大幅度的增长。结合财政支持各二级指数变动趋势（见图 7－14），可以看出上海市财政实力指数的变化趋势与财政支持分项指数的变化趋势基本一致，是上海市在财政支持分项指数排名中领先于其他城市的主要原因。

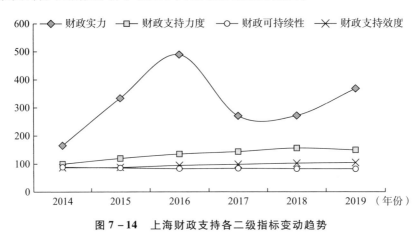

图 7－14　上海财政支持各二级指标变动趋势

3. 上海市经济成效分项指数逐年稳定增长

2014～2019 年上海市经济成效分项指数排名仅次于深圳市，居第二位，但与第一位的深圳市仍存在一定差距。从变化趋势看，上海市经济成效分项指数波动较小，总体呈现较稳定的逐年递增趋势。从二级指标来看，上海市经济成效分项指数的优势主要得益于对外开放、动能升级和增长质量（见图 7－15）。

2015～2017 年，上海经济成效分项指数平均增长率为 5.38%，增长幅度稳定在 3% 到 7%（见表 7－7）。分析二级指数可以发现，上海市在对外开放方面具有显著优势，这主要得益于上海市庞大的出口规模，且其 FDI 规模、入境人数及进出口规模/GDP 等指数也较为稳定，未出现剧烈波动，因此其对外开放程度也稳定在较高水平；而增长数量、增长质量和动能升级指数数值虽然相比对外开放指数而言较低，但增长幅度较大，使上海市经济成效分项指数呈现稳定增长的特征（见图 7－16）。

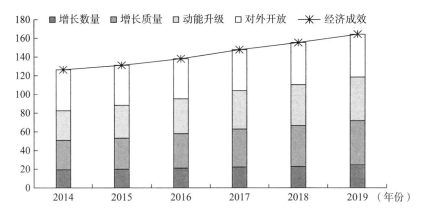

图 7 - 15　上海经济成效分项指数构成及变动趋势

表 7 - 7　上海经济成效分项指数及其增长率

年份	经济成效分项指数	经济成效分项指数增长率（%）
2015	131	3.73
2016	138	5.32
2017	148	6.95
2018	155	5.14
2019	164	5.74

资料来源：依据财经指数模型数据计算。

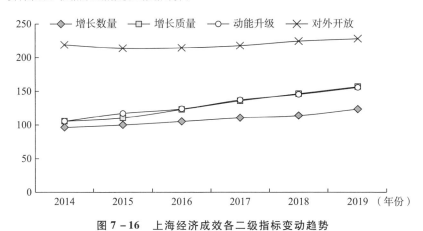

图 7 - 16　上海经济成效各二级指标变动趋势

（二）广州财经指数分项指数趋势分析

由第一节分析可知，广州市财经指数始终位列五大城市中的第四名，属于第二梯队。其项下各一级指数较其他城市而言缺乏优势，其中广州金融支持分项指数始终保持在第四位，财政支持分项指数处于第四至第五位，经济成效分项指数在第三至第四位变动。从总指数的构成情况来看，经济成效分项指数和财政支持分项指数所占比例较更大，增长幅度较大，但金融支持分项指数所占比例和增长变动较小，这可能是导致广州财经指数排名处于劣势的重要原因（见图 7－17、图 7－18）。

图 7－17　广州财经指数分项指数变动趋势

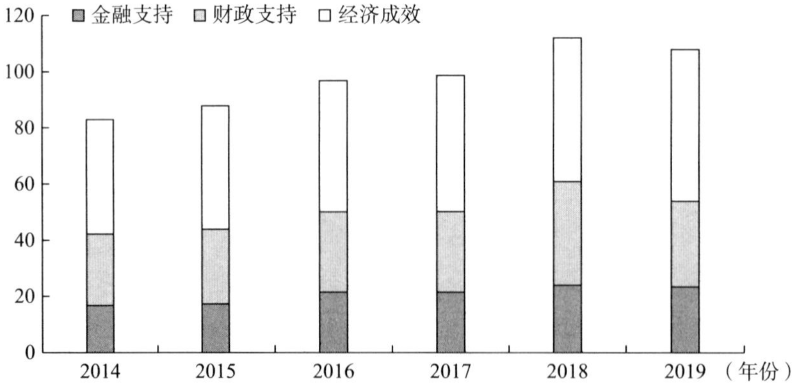

图 7－18　广州财经指数分项指数构成及变动趋势

1. 广州市金融支持分项指数波动增长

由第二节分析可知，广州市金融支持分项指数与其他城市相比有较大差距，排名保持在第四位，2019 年较 2014 年金融支持分项指数增长变动量也仅优于重庆市。从变化趋势来看，广州市金融支持分项指数呈现波动上升的趋势，且波动较小；从指数构成来看，广州市金融支持力度所占比例和增长幅度最大，金融实力和金融可持续性所占比例较小，增长幅度也不显著（见图 7 - 19）。

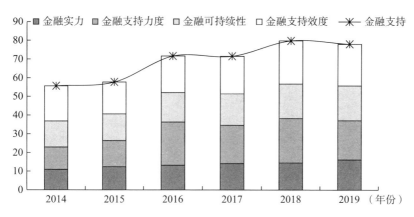

图 7 - 19　广州金融支持分项指数构成及变动趋势

2015 ~ 2016 年，广州金融支持分项指数保持增长，但增长幅度波动较大，2016 年增长率达到 24.04%，之后出现极小幅度的下降，后又增长 11.53%，2019 年再次略微下降（见表 7 - 8）。分析二级指数可以发现，广州市金融可持续性和金融实力指数的增长较为平稳，金融支持效度和金融支持力度的变化趋势与金融支持分项指数基本一致，其中金融支持力度指数 2016 年有较大幅度的增长（见图 7 - 20），究其原因可以发现，广州市社会融资规模增量、新增贷款、新增债券融资和新增股票融资指数 2016 年均显著增长，由此促进了金融支持力度指数的提高。金融可持续性、金融实力指数平稳上升，而金融支持效度和金融支持力度指数不断波动，使广州市金融支持分项指数呈现波动上升的趋势，且金融可持续性较差和金融实力较低是广州市金融支持分项指数落后于其他城市的主要原因。

表 7 - 8　广州金融支持分项指数及其增长率

年份	金融支持分项指数	金融支持分项指数增长率（%）
2015	58	3.70
2016	72	24.04
2017	71	- 0.15

续表

年份	金融支持分项指数	金融支持分项指数增长率（%）
2018	80	11.53
2019	78	−2.21

资料来源：依据财经指数模型数据计算。

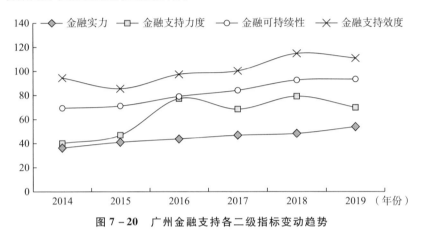

图7－20　广州金融支持各二级指标变动趋势

2. 广州市财政支持分项指数增长缓慢

由第二节分析可知，广州市财政支持分项指数排在第四至第五位，在五大城市中处于劣势，2019年较2014年财政支持分项指数增长变动量也处于末位。除2018年和2019年出现较大幅度的波动外，广州市财政支持分项指数总体呈现平缓上升的趋势；从指数构成来看，财政实力占财政支持分项指数的比例较高，财政支持力度和财政可持续性指数所占比例较小、增长缓慢（见图7－21）。

2015～2017年，广州财政支持分项指数增长十分缓慢，平均增长率仅为4.03%，虽然2018年大幅增长，排名超过了深圳市，但2019年又下降了17.57%（见表7－9）。分析二级指数可以发现，除财政支持效度指数的排名位列第一外，广州市财政实力、财政支持力度指数都显著落后于其他城市，尤其是财政支持力度指数名列末尾，使广州市财政支持分项指数在五大城市中处于劣势。由财政支持各二级指数变动趋势（见图7－22）可以看出，广州市财政实力指数2018年大幅增加，这是由于其债务收入指数由288到655的大幅增长。2018年广州市政府为落实财政部关于完成地方政府一般债务全部置换为一般债券的要求，于当年集中置换存量一般债务，因

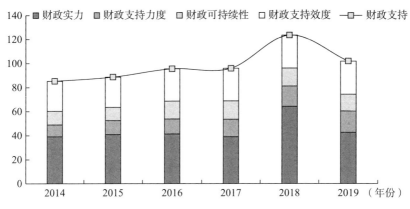

图 7 - 21 广州财政支持分项指数构成及变动趋势

此 2018 年广州市地方政府债券转贷收入、动用预算稳定调节基金等其他收入为 846.3 亿元，增长了 151.8%。除这一波动外，广州市四项财政支持二级指数历年均没有明显增长，其财政支持分项指数在五大城市中缺乏优势。

表 7 - 9 广州财政支持分项指数及其增长率

年份	财政支持分项指数	财政支持分项指数增长率（%）
2015	89	3.97
2016	96	7.70
2017	96	0.43
2018	124	28.76
2019	102	-17.57

资料来源：依据财经指数模型数据计算。

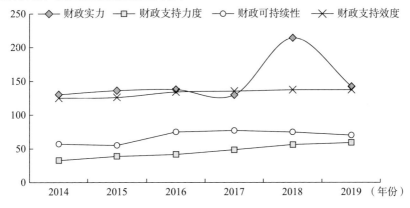

图 7 - 22 广州财政支持各二级指标变动趋势

3. 广州市经济成效分项指数稳定上升

2014～2019 年广州市经济成效分项指数排名在其三项一级指数中稍有优势，但与深圳市和上海市相比仍有较大差距，且 2016 年后被北京市赶超。从变化趋势来看，广州市经济成效分项指数呈现稳定上升趋势；从指数构成来看，增长质量所占经济成效分项指数的比例较大，但增长幅度较小，动能升级指数增长较为显著，对外开放指数和增长数量指数的变动幅度较小（见图 7 - 23）。

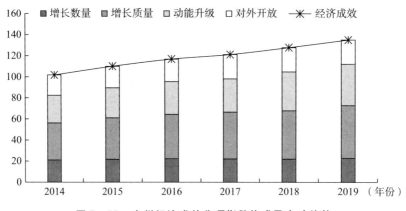

图 7 - 23　广州经济成效分项指数构成及变动趋势

2015～2017 年广州经济成效分项指数保持增长，但增长幅度逐年下降，自 2018 年开始增长率稍有回升，稳定在 5.5% 左右（见表 7 - 10）。分析其项下二级指数可以发现，广州市增长质量、动能升级指数增长较快，是经济成效分项指数增长的主要动力，这主要得益于人均可支配收入和全员劳动生产率的提升，以及战略新兴产业增加值的增长，且广州市在降低单位GDP 能耗和 PM2.5 方面也取得了一定进步。而增长数量、对外开放指数的变动较为平缓（见图 7 - 24）。总体而言，广州市经济成效各二级指数的增长幅度较小，使广州市经济成效分项指数平稳增长。

表 7 - 10　广州经济成效分项指数及其增长率

年份	经济成效分项指数	经济成效分项指数增长率（%）
2015	110	8.12
2016	117	6.19

续表

年份	经济成效分项指数	经济成效分项指数增长率（%）
2017	121	3.75
2018	128	5.46
2019	135	5.69

资料来源：依据财经指数模型数据计算。

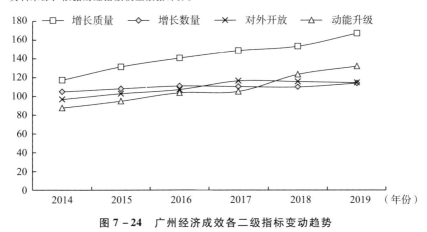

图7-24　广州经济成效各二级指标变动趋势

（三）深圳财经指数分项指数趋势分析

由第一节分析可知，2014～2019年，深圳市财经指数一直位列前两名，其项下的一级指数中，经济成效分项指数一直位居榜首，金融支持分项指数排名居中，而财政支持分项指数则排在末尾。分析深圳市财经指数项下的一级指数构成可知（见表7-11、图7-25、图7-26），三大一级指数的占比存在失衡，总体上三者均呈现增长态势，但其增速存在较大差异。占比方面，自2014年以来，经济成效分项指数占比最多，且均在半数以上，其平均占比高达59.10%；财政支持分项指数次之，其平均占比为23.59%；金融支持分项指数占比最少，平均为17.31%。增长速度方面，深圳市经济成效分项指数的增速较为稳定，每年增速均在6%以上，平均增速为6.52%；金融支持分项指数的增速存在较大波动，2015年和2016年增速均保持在高水平，而2017年出现高速增长后的首次下降，之后年份略有回升，但增速都保持在较低水平；财政支持分项指数的增速也存在较大波动，其2016年出现较大幅度的上升，而2018年出现首次负增长，于2019年略有回升。

表 7－11　深圳财经指数一级指数占比及增速

单位：%

年份	金融支持分项指数		财政支持分项指数		经济成效分项指数	
	占比	增速	占比	增速	占比	增速
2014	15.30	—	24.00	—	60.70	—
2015	17.16	20.71	22.98	3.08	59.85	6.12
2016	20.99	39.24	22.89	13.33	56.12	6.70
2017	16.91	－16.40	25.31	14.74	57.78	6.83
2018	17.02	3.83	23.50	－4.16	59.48	6.24
2019	16.48	1.25	22.83	1.58	60.69	6.70

资料来源：依据财经指数模型数据计算。

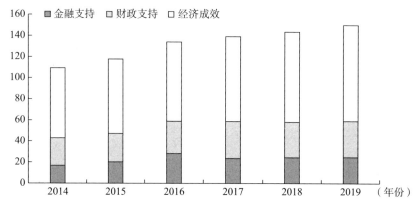

图 7－25　深圳财经指数构成及变动趋势

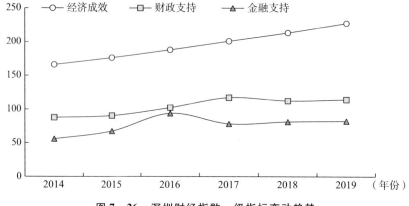

图 7－26　深圳财经指数一级指标变动趋势

与 2014 年相比，2019 年深圳市的金融支持分项指数、财政支持分项指数和经济成效分项指数均有所增长，但三者的增长量差异较大（见图 7 - 27）。其中，经济成效分项指数的增长量最大，为 61.64；财政支持分项指数和金融支持分项指数的增长量都较小，分别为 26.68 和 26.61。值得注意的是，经济成效分项指数的增长量约为财政支持分项指数和金融支持分项指数的 2.3 倍。

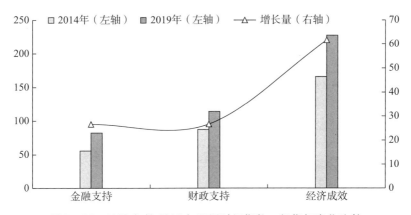

图 7 - 27　2019 年较 2014 年深圳财经指数一级指标变化比较

接下来，本小节将从金融支持分项指数、财政支持分项指数和经济成效分项指数三个方面出发，着重分析深圳市财经指数分项指数的趋势，以解释上述现象形成的原因，并进行经验总结，以期为北京市的金融、财政和实体经济改革提供参考。

1. 深圳市金融支持分项指数波动增长

从以上分析可知，深圳市的金融支持分项指数呈现在波动中增长的趋势，其增速存在较大波动（见表 7 - 12、图 7 - 28）。具体来说，深圳市的金融支持分项指数于 2016 年达到峰值 94，并于 2017 年下降至 78，之后年份虽然略有回升，但截至 2019 年为 82，尚未回升到 2016 年的峰值水平。增速方面，深圳市的金融支持分项指数 2014～2016 年均保持高速增长，其增速在 2016 年达到峰值 39.24%，2017 年达到低谷 - 16.40%，之后年份其增速虽然略有回升，但均保持低速增长，2019 年其增速为 1.25%。

表 7 - 12　深圳市金融支持分项指数项下二级指标占比及增速

单位：%

年份	金融实力		金融支持力度		金融可持续性		金融支持效度	
	占比	增速	占比	增速	占比	增速	占比	增速
2014	25.26	—	21.68	—	26.21	—	26.84	—
2015	23.32	11.45	26.96	50.08	23.82	9.67	25.90	16.47
2016	18.99	13.38	31.99	65.24	22.42	31.05	26.60	42.99
2017	24.94	9.75	25.60	-33.10	23.00	-14.22	26.46	-16.84
2018	24.43	1.70	26.70	8.28	22.66	2.28	26.21	2.87
2019	26.35	9.21	27.89	5.78	22.04	-1.53	23.72	-8.39

资料来源：依据财经指数模型数据计算。

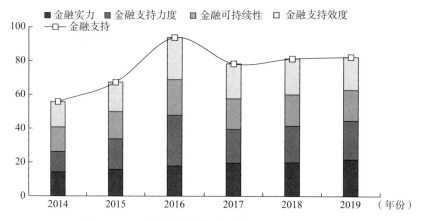

图 7 - 28　深圳金融支持分项指数构成及变动趋势

分析深圳市金融支持分项指数项下的二级指数变动趋势可知（见图 7 - 29），四个二级指数的占比总体上比较平均，但其增速存在较大差异。其中，金融实力、金融支持力度、金融可持续性和金融支持效度指数的占比分别为23.88%、26.80%、23.36% 和 25.96%。2016 年，深圳市金融支持力度、金融可持续性和金融支持效度指数急剧攀升，是深圳市金融支持分项指数和其增速急剧增长的原因。然而 2017 年，三者急剧跌落，导致深圳市金融支持分项指数和其增速急剧下降。

与 2014 年相比，2019 年深圳市的金融实力、金融支持力度、金融可持续性和金融支持效度均有所增长（见图 7 - 30）。其中，金融支持力度的增

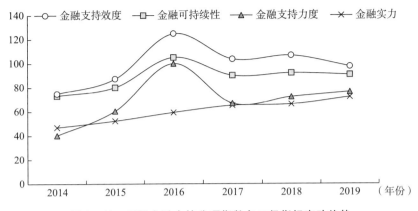

图 7 - 29　深圳金融支持分项指数各二级指标变动趋势

长量最大，为 36；其次依次是金融实力和金融支持效度，其增长量分别为 25 和 23；金融可持续性的增长量最小，为 18。

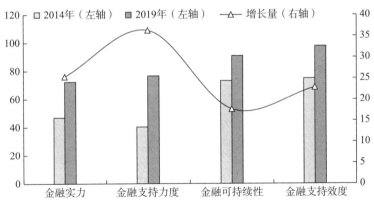

图 7 - 30　深圳金融支持分项指数各二级指标变化

2. 深圳市财政支持分项指数波动增长

由前述分析可知，深圳市的财政支持分项指数呈现在波动中增长的趋势，其增速存在一定波动。具体来说，深圳市的财政支持分项指数于 2017 年达到峰值 117，并于 2018 年下降至 112，2019 年回升至 114，尚未达到其峰值水平，但总体上深圳市的财政支持分项指数呈现增长的趋势。在增速方面，深圳市财政支持分项指数 2016 年迅速增长，2017 年保持较高速度增长，但 2018 年出现了首次负增长，增速跌落谷底，为 - 4.16%，2019 年其增速回升至 1.58%（见表 7 - 13、图 7 - 31）。

表7－13　深圳市财政支持分项指数项下二级指标占比及增速

单位：%

年份	财政实力指数		财政支持力度指数		财政可持续性指数		财政支持效度指数	
	占比	增速	占比	增速	占比	增速	占比	增速
2014	19.82	—	15.19	—	41.14	—	23.85	—
2015	27.21	41.49	22.11	50.02	28.34	－29.00	22.35	－3.41
2016	25.91	7.91	22.97	17.77	29.97	19.87	21.15	7.27
2017	29.25	29.54	23.17	15.71	27.28	4.45	20.30	10.12
2018	28.05	－8.09	22.17	－8.29	28.91	1.55	20.87	－1.46
2019	32.14	16.40	22.27	2.02	24.77	－12.95	20.82	1.31

资料来源：依据财经指数模型数据计算。

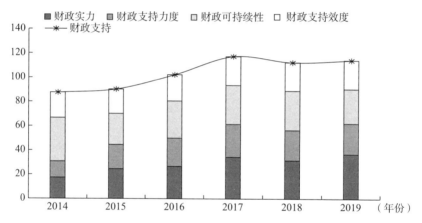

图7－31　深圳财政支持分项指数构成及变动趋势

分析深圳市财政支持分项指数项下的二级指数变动趋势可知（见图7－32），四个二级指数的占比总体上比较均衡，但其增速均存在较大波动。其中，财政实力指数、财政支持力度指数、财政可持续性指数和财政支持效度指数的平均占比分别为27.06%、21.31%、30.07%和21.56%，财政可持续性指数的占比于2014年达到最高点拉高了其平均占比，但其余年份占比均在30%以下，因此总体来说四个二级指数占比较为平均。2016年，深圳市的财政可持续性指数和财政支持效度指数较2015年均有不同程度的增长，使深圳市财政支持分项指数高速增长。2018年，深圳市的财政可持续性指数、财政支持力度指数和财政支持效度指数均出现了负增长，导致深圳市财政支持分项指数的负增长。

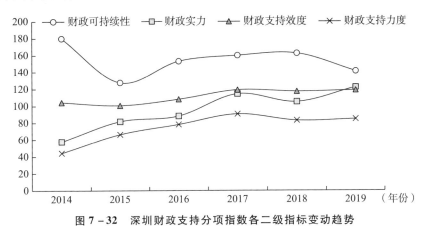

图 7 - 32　深圳财政支持分项指数各二级指标变动趋势

与 2014 年相比，2019 年深圳市的财政实力指数、财政支持力度指数和财政支持效度指数均有所增长，但财政可持续性指数为负增长（见图 7 - 33）。其中，财政实力指数的增长量最大，为 65。其次依次是财政支持力度指数和财政支持效度指数，分别增长 40 和 15。值得注意的是，深圳市的财政可持续性指数为负增长，这是因为 2019 年其项下的三级指数较 2014 年均为负增长。

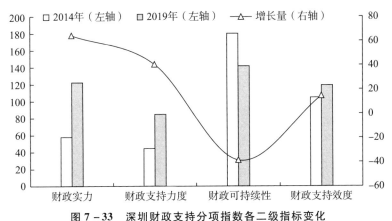

图 7 - 33　深圳财政支持分项指数各二级指标变化

3. 深圳市经济成效分项指数稳步增长

由前述分析可知，深圳市的经济成效分项指数保持自 2014 年以来的增长趋势，其增速波动较小。深圳市经济成效分项指数的增速平均为 6.52%，

2015 年达到最小值为 6.12%，2017 年达到最大值为 6.83%，二者仅相差 0.71 个百分点。其经济成效分项指数每年平均增加 12.4，2015 年达到最小增长量为 10，2019 年达到最大增长量为 15，二者仅相差 5（见表 7-14、图 7-34）。因此，深圳市的经济成效分项指数自 2014 年以来，总体上保持着匀速增长，其波动很小。

表 7-14 深圳市经济成效分项指数项下二级指标占比及增速

单位：%

年份	增长数量		增长质量		动能升级		对外开放	
	占比	增速	占比	增速	占比	增速	占比	增速
2014	13.24	—	24.46	—	33.06	—	29.24	—
2015	13.01	4.34	25.09	8.86	35.39	13.60	26.50	-3.83
2016	12.78	4.77	26.14	11.16	37.41	12.78	23.67	-4.69
2017	12.42	3.83	25.36	3.65	39.12	11.70	23.10	4.26
2018	11.55	-1.16	26.48	10.91	40.12	8.97	21.85	0.48
2019	11.13	2.77	26.50	6.78	41.93	11.51	20.45	-0.14

资料来源：依据财经指数模型数据计算。

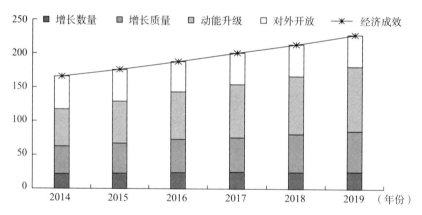

图 7-34 深圳经济成效分项指数构成及变动趋势

分析深圳市经济成效分项指数项下的二级指数变动趋势可知（见图 7-35），四个二级指数占比失衡，且其增速也存在较大差异，但各指数的增速之间存在此消彼长的关系，导致经济成效分项指数的增速波动很小。动能升级的占比最多，其次是增长质量和对外开放，占比最少的是增长数量。其中，动能升级和增长质量的占比总体呈逐年增加的趋势，而增长数量和对外开放的占比逐年下降。在增速方面，2015 年，对外开放出现负增长，拉低了经济成效分项指数的总增速，但其他三个指数的增速均处于较高水平，使经济成效分项指数的总增速不至于急剧下降。2017 年，对外开放的增速达到最大值 4.26%，且其比 2016 年上升 8.95 个百分点，拉高了经济成效分项指数的总增速，但其他三个指数的增速均比 2016 年有所下降，使经济成效分项指数的总增速仅上升了 0.13 个百分点。

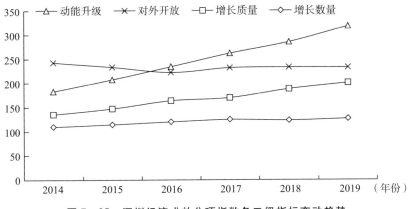

图 7 - 35　深圳经济成效分项指数各二级指标变动趋势

与 2014 年相比，2019 年深圳市的增长数量、增长质量和动能升级均有所增长，但对外开放为负增长（见图 7 - 36）。其中，动能升级的增长量最大，为 135。其次依次是增长质量和增长数量，分别增长 66 和 17。值得注意的是，深圳市的对外开放为负增长，这是因为 2019 年，除入境人数外，

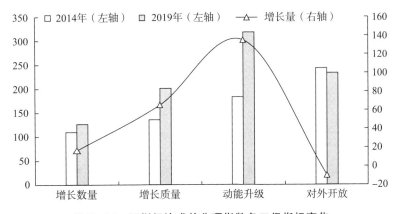

图 7 - 36　深圳经济成效分项指数各二级指标变化

其项下的三级指数（FDI规模、出口规模、进出口规模/GDP）较2014年均为负增长。

（四）重庆财经指数分项指数趋势分析

由第一节分析可知，2014～2019年，重庆市的财经指数一直位居榜尾，其项下的一级指数中，财政支持分项指数一直稳居前三，金融支持分项指数和经济成效分项指数均名列第五。分析重庆市财经指数项下的一级指数构成可知（见表7-15、图7-37、图7-38），三个一级指数的占比存在失衡。在总体上三者均呈现增长态势，但其增速存在较大差异。在占比方面，自2014年以来，财政支持分项指数占比最多，高达49.07%，2016年和2017年更是超过了50%；经济成效分项指数次之，其平均占比为33.63%；金融支持分项指数占比最少，平均为17.30%。在增长速度方面，重庆市经济成效分项指数的增速较为稳定，总体波动幅度不大，平均增速为5.84%。重庆市金融支持分项指数的增速存在较大波动，2015年出现负增长，2016年虽然回升至6.12%，但又于2017年再次出现负增长。重庆市财政支持分项指数的增速也存在较大波动，其在2016年急剧上升，而2018年出现首次负增长，于2019年略有回升。

表7-15　重庆市财经指数一级指标占比及增速

单位：%

年份	金融支持分项指数		财政支持分项指数		经济成效分项指数	
	占比	增速	占比	增速	占比	增速
2014	20.57	—	45.35	—	34.08	—
2015	17.74	-12.20	47.18	5.88	35.08	4.78
2016	16.07	6.12	52.87	31.29	31.06	3.74
2017	15.39	-1.04	52.00	1.67	32.61	8.51
2018	16.93	9.36	48.51	-7.27	34.56	5.37
2019	17.11	8.51	48.48	7.26	34.40	6.82

资料来源：依据财经指数模型数据计算。

与2014年相比，2019年重庆市的金融支持分项指数、财政支持分项指数和经济成效分项指数均有所增长，但三者的增长量差异较大（见图7-39）。其中，财政支持分项指数的增长量最大，为43.94；经济成效分项指数的增长

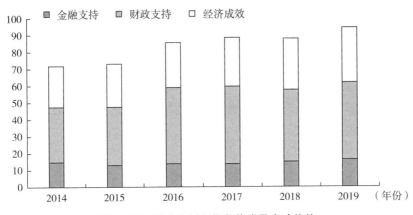

图 7－37　重庆市财经指数构成及变动趋势

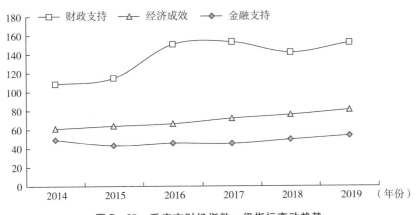

图 7－38　重庆市财经指数一级指标变动趋势

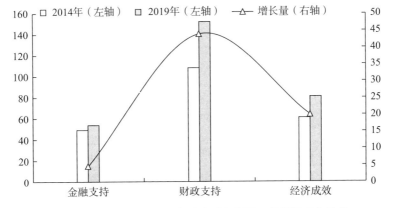

图 7－39　2019 年较 2014 年重庆财经指数一级指标变化比较

量次之，为20.00；而金融支持分项指数的增长量最小，为4.62。值得注意的是，财政支持分项指数的增长量约为金融支持分项指数增长量的9.51倍。

本小节将从金融支持分项指数、财政支持分项指数和经济成效分项指数三个方面出发，着重分析重庆市财经指数分项指数的趋势，以解释上述现象形成的原因，并对其进行经验总结，以期为北京市的金融、财政和实体经济改革提供参考。

1. 重庆市金融支持分项指数稳步增长

从以上分析可知重庆市的金融支持分项指数呈现在波动中稳步增长的趋势，其增速存在一定的波动。具体来说，重庆市的金融支持分项指数于2015年达到低谷43，2016年略有回升，但又于2017年下降至45，之后开始逐年增长。截至2019年重庆市的金融支持分项指数已上升到54，总体上呈现在波动中稳步增长的态势。在增速方面，重庆市金融支持分项指数的增速于2015年达到低谷－12.20%，2016年增速回升后又于2017年再次跌落为负数，之后于2018年达到峰值9.36%，2019年其增速为8.51%（见表7－16、图7－40、图7－41）。

表7－16　重庆市金融支持分项指数项下二级指数占比及增速

单位：%

年份	金融实力		金融支持力度		金融可持续性		金融支持效度	
	占比	增速	占比	增速	占比	增速	占比	增速
2014	16.39	—	20.34	—	33.54	—	29.73	—
2015	20.65	10.62	18.26	－21.16	32.11	－15.94	28.97	－14.44
2016	21.13	8.58	21.34	23.99	29.69	－1.90	27.84	1.98
2017	23.37	9.46	18.02	－16.44	31.73	5.79	26.88	－4.47
2018	22.26	4.16	20.12	22.08	32.07	10.53	25.56	3.99
2019	21.42	4.41	22.16	19.55	31.58	6.85	24.84	5.47

资料来源：依据财经指数模型数据计算。

分析重庆市金融支持分项指数项下的二级指数构成及变动趋势可知，四个二级指数的占比总体上比较均衡，但其增速存在较大差异。其中，金融实力、金融支持力度、金融可持续性和金融支持效度的平均占比分别为20.87%、20.04%、31.79%和27.30%。2015年，重庆市金融支持力度、

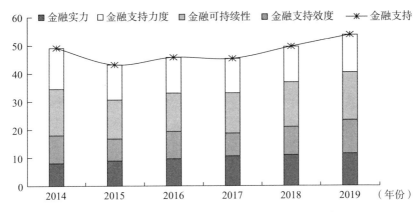

图 7-40 重庆金融支持分项指数构成及变动趋势

金融可持续性和金融支持效度的急剧下降，是重庆市金融支持分项指数急剧跌落的原因。2016 年，重庆市的金融实力、金融支持力度和金融支持效度均有增加，尤其是金融支持力度的急剧增加，使重庆市金融支持分项指数急剧上升。2017 年，重庆市金融支持力度、金融支持效度的再次急剧下降，使重庆市金融支持分项指数再次跌落谷底。

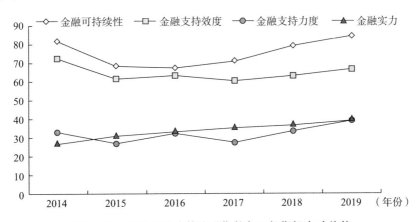

图 7-41 重庆金融支持分项指数各二级指标变动趋势

与 2014 年相比，2019 年重庆市的金融实力、金融支持力度和金融可持续性均有所增长，但金融支持效度有所下降（见图 7-42）。其中，金融实力的增长量最大，为 12。其次依次是金融支持力度和金融可持续性，其增长量分别为 6 和 2。而 2019 年，重庆市金融支持效度指数较 2014 年下降 6，这是因为其项下的企业存款/各项存款余额较 2014 年下降 37，下降幅度高于其他指标上涨幅度，从而导致 2019 年金融支持效度指数较 2014 年有所下降。

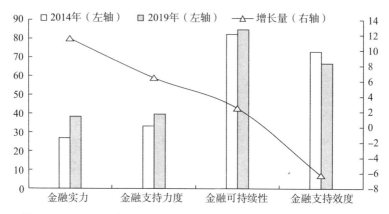

图 7 - 42　2019 年较 2014 年重庆金融支持分项指数各二级指标变化

2. 重庆市财政支持分项指数波动增长

由前述分析可知，重庆市的财政支持分项指数呈现在波动中增长的趋势，其增速存在一定波动。具体来说，重庆市的财政支持分项指数于 2017 年达到峰值 153，并于 2018 年下降至 142，2019 年回升至 152，尚未达到其峰值水平，但总体上重庆市财政支持分项指数呈现增长的趋势。在增速方面，重庆市财政支持分项指数的增速 2016 年迅速增加并达到峰值 31.29%，2017 年其增速降低，并于 2018 年出现了首次负增长，增速跌落谷底为 -7.27%，2019 年其增速回升至 7.26%（见表 7 - 17、图 7 - 43）。

表 7 - 17　重庆市财政支持分项指数项下二级指标占比及增速

单位：%

年份	财政实力指数		财政支持力度指数		财政可持续性指数		财政支持效度指数	
	占比	增速	占比	增速	占比	增速	占比	增速
2014	56.92	—	18.32	—	8.49	—	16.27	—
2015	57.21	6.42	19.32	11.68	7.85	-2.17	15.62	1.65
2016	64.67	48.41	15.36	4.38	7.37	23.28	12.60	5.88
2017	62.92	-1.08	16.97	12.35	6.97	-3.77	13.13	5.94
2018	58.60	-13.63	19.22	5.01	7.48	-0.54	14.69	3.78
2019	59.42	8.77	18.59	3.71	6.75	-3.14	15.23	11.20

资料来源：依据财经指数模型数据计算。

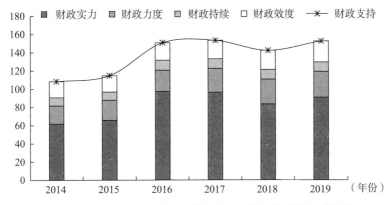

图 7 - 43　重庆财政支持分项指数各二级指标构成及变动趋势

分析重庆市财政支持分项指数项下的二级指数构成可知，四个二级指数的占比存在失衡。其中，财政实力指数的占比最多，2014～2019 年平均占比为 59.96%，2016 年其占比高达 64.67%。财政支持力度指数和财政支持效度指数占比次之，六年来平均占比分别为 17.96% 和 14.59%。财政可持续性的占比最少，仅为 7.49%。因此，总体来说四个二级指数占比存在失衡。此外，自 2014 年以来，重庆市的财政支持效度指数、财政支持力度指数和财政可持续性指数的波动均较小，而财政实力指数的波动较大，与财政支持分项指数同步波动。2016 年，重庆市财政实力指数及其增速大幅提高，且均达到峰值，分别为 325 和 48.41%，使重庆市财政支持分项指数2016 年高速增长。之后两年，重庆市的财政实力指数均为负增长，并于 2018 年跌至 -13.63%，使重庆市财政支持分项指数 2018 年大幅降低（见图 7 - 44）。

与 2014 年相比，2019 年重庆市的财政实力指数、财政支持力度指数、财政可持续性指数和财政支持效度指数均有所增长（见图 7 - 45）。其中，财政实力指数的增长量最大，为 96。其次依次是财政支持力度指数和财政支持效度指数，二者增长量均为 28。财政可持续性指数的增长量最小，仅为 5，财政实力指数的增长量为其增长量的 19.2 倍。

3. 重庆市经济成效分项指数稳步增长

由前述分析可知，重庆市的经济成效分项指数保持自 2014 年以来的增长趋势，其增速波动较小。重庆市经济成效分项指数的增速平均为 5.84%，

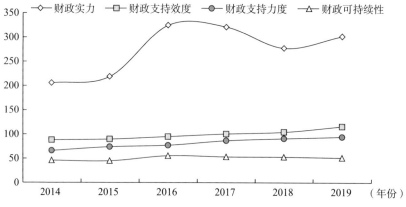

图 7 - 44　重庆财政支持分项指数各二级指标变动趋势

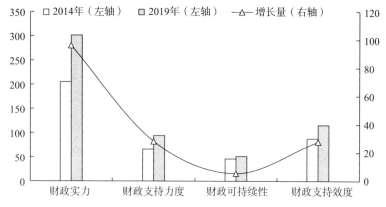

图 7 - 45　2019 年较 2014 年重庆财政支持分项指数各二级指标变化

2016 年达到最小值 3.74%，2017 年达到最大值 8.51%，仅相差 4.77 个百分点。其经济成效分项指数每年平均增加 4，2016 年达到最小增长量 2，2017 年达到最大增长量 7，仅相差 5（见表 7 - 18、图 7 - 46）。因此，重庆市的经济成效分项指数自 2014 年以来，总体上保持着匀速增长，其波动很小。

表 7 - 18　重庆市经济成效分项指数项下二级指标占比及增速

单位：%

年份	增长数量		增长质量		动能升级		对外开放	
	占比	增速	占比	增速	占比	增速	占比	增速
2014	27.26	—	30.28	—	20.00	—	22.47	—
2015	27.03	3.91	31.93	10.51	22.36	17.17	18.67	-12.91

续表

年份	增长数量		增长质量		动能升级		对外开放	
	占比	增速	占比	增速	占比	增速	占比	增速
2016	26.81	2.87	33.69	9.44	24.52	13.74	14.99	-16.74
2017	24.04	-2.71	36.03	16.06	25.95	14.82	13.99	1.27
2018	20.22	-11.38	37.27	9.00	27.18	10.37	15.34	15.52
2019	20.44	7.99	37.01	6.09	28.43	11.74	14.12	-1.66

资料来源：依据财经指数模型数据计算。

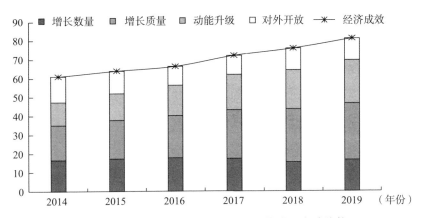

图 7-46 重庆市经济成效分项指数构成及变动趋势

分析重庆市经济成效分项指数项下的二级指数构成可知，四个二级指数占比略有失衡，增长质量的占比最多，其次是动能升级和增长数量，占比最少的是对外开放，且其增速也存在较大差异。其中，动能升级和增长质量的占比呈逐年增加的趋势，而增长数量和对外开放的占比总体上呈下降的趋势。在增速方面，2016 年，对外开放出现的较大负增长，拉低了经济成效分项指数的总增速，同时，其他三个指数的增速也较 2015 年有所下降，使经济成效分项指数的总增速 2016 年达到最低。2017 年，增长质量的增速达到最大值 16.06%，比 2016 年上升 6.62 个百分点，拉高了经济成效分项指数的总增速，同时，动能升级和对外开放的增速也较 2016 年有所增长，增长数量的增速较 2016 年有所下降，其下降幅度较小，仅为 5.58 个百分点，最终使经济成效分项指数的总增速上升 4.77 个百分点。

与 2014 年相比，2019 年重庆市的增长质量和动能升级均有所增长，但

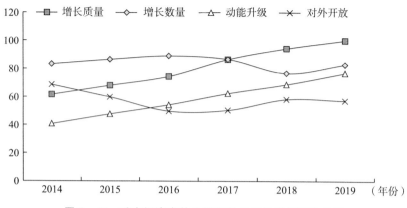

图 7－47　重庆经济成效分项指数各二级指标变动趋势

增长数量为零增长，对外开放为负增长（见图 7－48）。其中，增长质量的增长量为 38。动能升级的增长量为 36。值得注意的是，重庆市的对外开放为负增长，这是因为 2019 年，除入境人数外，其项下的三级指数（FDI 规模、出口规模、进出口规模/GDP）较 2014 年均为负增长。重庆市的增长数量为零增长，其原因在于重庆市 2019 年的 GDP 增长率较 2014 年大幅降低。

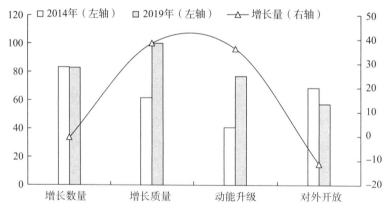

图 7－48　2019 年较 2014 年重庆经济成效分项指数各二级指标变化

第八章
财政支持横向比较与北京优势识别

财政支持作为政府影响城市经济发展强有力的手段及方法，在越来越广泛的范围内和不同的层面上对城市经济产生影响。为了进一步分析北京市财政发展现状、优势及问题，本章选取了上海、广州、深圳和重庆四大城市，在分析北京市财政支持分项指数的排名及变动的同时，也对这四大城市进行描述和比较。发现北京具有以下优势：北京财政支持力度指数较为突出，其优势主要体现在一般公共预算总支出、公共性支出和创新类支出；北京财政支持效度逐年上升；财政可持续性较为稳定，其中在土地出让收入/一般公共预算收入测评值与税收收入/一般公共预算收入测评值上，北京相较其他四大城市具有相对优势。

一　北京财政实力指数稳定上升

北京财政实力指数的排名总体而言较为稳定，整体呈上升趋势，2019年在五大城市中排名第三，高于广州和深圳，北京2019年较2014年的财政实力变动量高于重庆、广州和深圳三大城市。2019年北京市的财政实力测评值相对2014年有较大增长，增长172.83。从变动率来看，北京市2015年和2019年的增长率较高，分别达到97.46%和41.26%，而在2016年和2018年出现负增长，增长率分别为-18.09%和-1.55%（见表8-1、图8-1、图8-2、表8-2）。从一般公共预算收入、土地出让收入、债务收入和政府财力这四个财政实力三级指数分析，北京市较其他城市的优势主要体现在债务收入和政府财力方面。

2014~2019年，深圳财政实力指数均排名最后，广州排名相对落后，上海和重庆的财政实力保持领先地位，分别居于第一和第二位。其中，上海市 2015 年财政实力的增长率最高，达到 102.03%，是深圳的两倍多，同时也远高于广州 4.51% 和重庆 6.42% 的增长率。同时，上海市财政实力指数增长率变化波动最大，最大变动为 2017 年的 91.06 个百分点；深圳、广州和重庆的增长率波动相对平缓。

表 8－1 2014～2019 年财政实力指数排名

城市	2014 年	2015 年	2016 年	2017 年	2018 年	2019 年
北京	4	3	3	3	4	3
上海	2	1	1	2	2	1
深圳	5	5	5	5	5	5
广州	3	4	4	4	3	4
重庆	1	2	2	1	1	2

资料来源：依据财经指数模型数据计算。

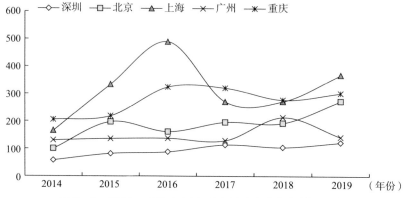

图 8－1 2014～2019 年五大城市财政实力指数横向比较

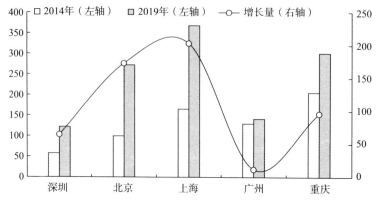

图 8－2 五大城市财政实力指数 2014 年与 2019 年增长变动对比

表 8 – 2　2015～2019 年五大城市财政实力指数增长率变化

单位：%

城市	2015 年	2016 年	2017 年	2018 年	2019 年
深圳	41.49	7.91	29.54	– 8.09	16.40
北京	97.46	– 18.09	21.29	– 1.55	41.26
上海	102.03	46.39	– 44.67	0.48	35.47
广州	4.51	1.08	– 5.72	65.08	– 33.66
重庆	6.42	48.41	– 1.08	– 13.63	8.77

资料来源：依据财经指数模型数据计算。

（一）北京市一般公共预算收入呈上升趋势

从一般公共预算收入测评值来看，北京市的表现也较为突出，总体呈上升趋势，在五大城市中排名第二，且远高于深圳、广州和重庆（见图 8 – 3）。从增长变动来看，2019 年北京的一般公共预算收入测评值与 2014 年相比实现较大增长，增长 44.45（见图 8 – 4）。北京市一般公共预算收入测评值增长率在 2015～2019 年逐步下降，增长率在 2015 年为 17.30%，而在 2019 年下降为 0.54%（见表 8 – 3）。北京一般公共预算收入对于财政实力的贡献较小，说明税收对财政的正向作用不明显。受经济下行、减税降费政策翘尾、疫情冲击等多重因素影响，北京财政收入减少。

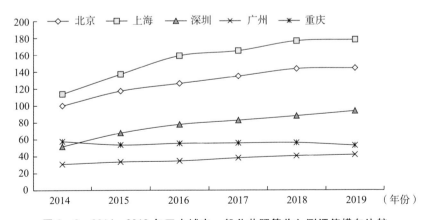

图 8 – 3　2014～2019 年五大城市一般公共预算收入测评值横向比较

2015～2019 年，上海和广州的一般公共预算收入测评值分别保持在五大城市首位与末位，深圳和重庆的一般公共预算收入测评值分别处于第三、第四位。上海和深圳的一般公共预算收入测评值增长率总体上呈现逐步下降的态势，上海和深圳在2015年增长率较高，分别为20.37%和30.93%，而在2019年增长率较低，分别为0.80%和6.63%。重庆市与其他城市相比，增长率较低，2015年出现负增长，增长率仅为－7.15%，2016年增长率最高为3.38%。结合五大城市财政实力横向比较分析，可以看出一般公共预算收入测评值的变化趋势与财政实力指数的变化趋势不一致。

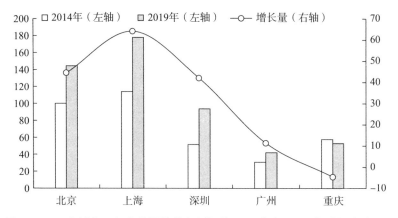

图8-4 五大城市一般公共预算收入测评值2014年与2019年增长变动对比

表8-3 2015～2019年五大城市一般公共预算收入测评值增长率变化

单位：%

城市	2015年	2016年	2017年	2018年	2019年
北京	17.30	7.57	6.88	6.54	0.54
上海	20.37	16.06	3.69	7.01	0.80
深圳	30.93	15.02	6.24	6.19	6.63
广州	8.56	3.27	10.27	6.34	3.85
重庆	－7.15	3.38	1.08	0.62	－5.78

资料来源：依据财经指数模型数据计算。

（二）北京市土地出让收入处于较低水平

2014～2018年，北京市的土地出让收入测评值排名处于五大城市的末端。从五大城市土地出让收入横向比较来看，北京除2017年有较大幅度的上升以外，2014~2016 年持续下降，2019 年与 2018 年水平大体相同（见图 8-5）。从五大城市土地出让收入增长变动对比来看，2019 年北京市土地出让收入测评值与 2014 年相比有较大程度的增长，增长了 46.15（见图 8-6）。北京市 2017 年土地出让收入测评值的增长率远超其他城市，达到 139.57%，超过深圳、广州的两倍，但在其他年份则为负增长或较低增长率（见表 8-4）。由于拍卖石景山地块给绿地中国，2017 年北京市的土地出让收入测评值迅速增长。结合五大城市财政实力横向比较分析，可以看出北京市土地出让收入测评值的变化趋势与财政实力的变化趋势不一致，土地出让收入对于北京市财政实力的作用不明显。

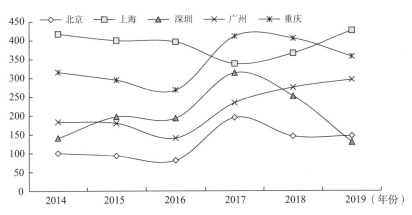

图 8-5　2014~2019 年五大城市土地出让收入测评值横向比较

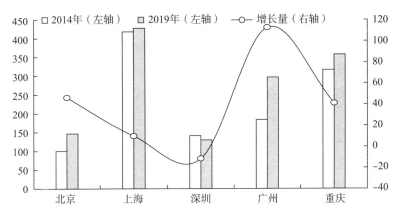

图 8-6　五大城市土地出让收入测评值 2014 年与 2019 年增长变动对比

表 8 - 4　2015～2019 年五大城市土地出让收入测评值增长率变化

单位：%

城市	2015 年	2016 年	2017 年	2018 年	2019 年
北京	- 6.95	- 12.59	139.57	- 25.45	0.61
上海	- 4.16	- 0.96	- 14.53	8.14	16.64
深圳	39.99	- 2.03	62.55	- 19.69	- 48.75
广州	- 1.98	- 21.85	66.46	17.62	7.47
重庆	- 6.73	- 9.08	53.33	- 1.39	- 11.94

资料来源：依据财经指数模型数据计算。

2014～2016 年上海市土地出让收入测评值排名第一，但 2017 年出现较大幅度的下降，2017～2019 年保持增长；深圳、重庆的土地出让收入测评值变化趋势大体相同，2017 年保持增长，其余年份出现不同程度的下降；广州市的土地出让收入测评值 2016 年有较大幅度下降。2017 年，深圳、广州、重庆的土地出让收入测评值增长率较高，分别为 62.55%、66.46%、53.33%，而上海市却呈现负增长的态势，增长率仅为 - 14.53%。2019 年，五个城市的土地出让收入测评值增长率差距明显，其中上海市增长率最高，达到 16.64%；深圳市为负增长，增长率为 - 48.75%。

（三）北京市债务收入呈平稳上升趋势

2014 年北京市债务收入测评值排名第三，2015 年有小幅上升，2016～2018 年保持平稳发展，2019 年增长较快（见图 8 - 7）。从五大城市债务收入增长变动对比来看，2019 年北京的债务收入测评值与 2014 年相比实现迅速增长，增长了 720（见图 8 - 8）。北京市 2015 年和 2019 年债务收入测评值的增长率较高，分别达到 466.07% 和 95.58%，但在其他年份为负增长或较低增长率（见表 8 - 5）。结合五大城市财政实力横向比较分析，可以看出北京市债务收入测评值的变化趋势与财政实力的变化趋势基本一致，是北京市在财政实力二级指数排名中领先于其他城市的主要原因。

2015 年上海市债务收入测评值的增长率最高，达到 854.33%，而广州市债务收入测评值的增长率为 6.31%，差距十分明显。2019 年深圳市债务收入测评值的增长率最高，达到 499.24%，广州市债务收入测评值的增长率

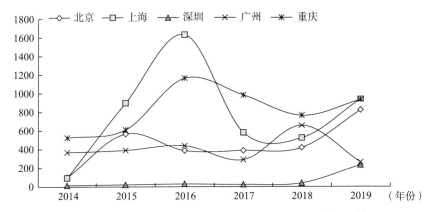

图 8 - 7　2014~2019 年五大城市债务收入测评值横向比较

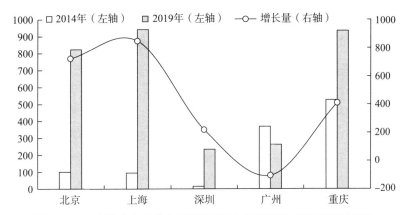

图 8 - 8　五大城市债务收入测评值 2014 年与 2019 年增长变动对比

表 8 - 5　2015~2019 年五大城市债务收入测评值增长率变化

单位：%

城市	2015 年	2016 年	2017 年	2018 年	2019 年
北京	466.07	-31.69	0.57	7.81	95.58
上海	854.33	81.52	-64.40	-9.86	79.56
深圳	50.00	33.33	-20.00	63.75	499.24
广州	6.13	12.99	-34.47	127.09	-60.04
重庆	16.59	90.51	-15.75	-22.30	22.28

资料来源：依据财经指数模型数据计算。

最低，为 -60.04%。2018 年以来由于加大政府债券发行力度，深圳市政府债务余额有所增加；2019 年深圳市地方政府债务限额为 698.5 亿元，其中新增地方政府债务限额 314 亿元。地方政府债务的增加对于深圳市债务收入的增长具有推动作用。同时，2019 年 12 月底广州市政府债务余额为 2714.94 亿元，比省核定的 2019 年度限额 3132 亿元低 417.06 亿元，这与广州市推进财政事权与支出责任划分改革、落实减税降费政策等因素密切相关。深圳市的债务收入测评值 2014~2018 年处于较低水平，2019 年有较大幅度的上升；上海市的债务收入测评值波动变化较大，2014~2016 年实现快速增长，而后迅速下降；重庆市债务收入测评值变化幅度小于上海市。

（四）北京市政府财力增长速度较快

从政府财力测评值的角度来看，北京市的表现较为突出，2019 年在五大城市中排名第二，且远高于重庆、深圳、广州。从政府财力测评值的变动趋势来看，北京市政府财力测评值 2017 年有较大幅度上升，增长趋势超过上海，位于五大城市的首位（见图 8-9）。从增长变动来看，2019 年北京的政府财力测评值相对于 2014 年有较快的增长，增长量为 20.88（见图 8-10）。北京市 2017 年政府财力测评值增长较快，增长率达到 28.65%，而其余年份均为负增长或较低增长率，说明 2017 年北京市政府的信用水平和偿债能力较好（见表 8-6）。结合五大城市财政实力横向比较分析，可以看出北京市政府财力测评值的变化趋势与财政实力指数的变化趋势基本一致，是北京市在财政实力二级指数排名中领先于其他城市的主要原因。

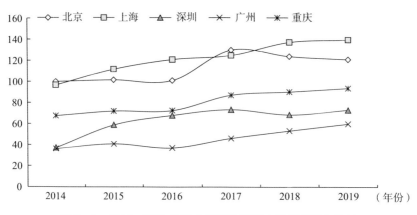

图 8-9　2014~2019 年五大城市政府财力测评值横向比较

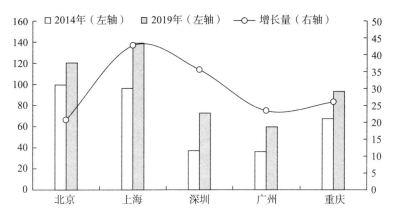

图 8 - 10 五大城市政府财力测评值 2014 年与 2019 年增长变动对比

表 8 - 6 2015~2019 年五大城市政府财力测评值增长率变化

单位：%

城市	2015 年	2016 年	2017 年	2018 年	2019 年
北京	1.50	- 0.51	28.65	- 4.72	- 2.34
上海	15.51	8.28	3.23	10.04	1.59
深圳	57.66	15.52	8.07	- 6.56	6.38
广州	11.92	- 9.22	24.59	15.59	12.44
重庆	6.44	0.74	20.13	3.68	3.82

资料来源：依据财经指数模型数据计算。

2014~2019 年上海、深圳、重庆、广州的政府财力测评值趋于上升，但上海市的政府财力测评值远高于其他三个城市，除了 2014 年和 2017 年以外，其他年份均位于五大城市的前两名。从增长率的角度来看，深圳在 2015 年增长较快，增长率达到 57.66%，2018 年出现负增长，增长率为 - 6.56%；上海市除了 2019 年增长较为缓慢，增长率为 1.59% 以外，其余年份均保持较快增长；重庆市 2017 年增长较为迅速，增长率为 20.13%，其他年份则一直保持较低水平的增长速度；广州市虽然在五大城市中排在最后，但其 2017 年的增长率达到 24.59%。

二 北京财政支持力度指数稳定上升

2014 年北京市财政支持力度指数在五大城市中排在首位，2015~2019

年北京市财政支持力度在五大城市中保持第二位（见表8-7）。从增长变动趋势来看，2014～2018年北京市财政支持力度保持上升趋势，但2019年出现下降（见图8-11）。从增长变动来看，2019年北京市财政支持力度相对于2014年实现较快增长，增长了37.89（见图8-12）。2015年北京市财政支持力度指数增长较快，增长率为50.02%；2015～2018年增长率呈现递减的趋势，2018年出现负增长，增长率为-8.29%；2019年增长率缓慢上升，为2.02%（见表8-8）。从一般公共预算总支出、公共性支出、经济性支出和创新类支出这四个财政支持力度测评值分析，北京市较其他城市的优势主要体现在一般公共预算总支出、公共性支出和创新类支出。

表8-7 2014～2019年五大城市财政支持力度指数排名

城市	2014年	2015年	2016年	2017年	2018年	2019年
北京	1	2	2	2	2	2
上海	2	1	1	1	1	1
深圳	4	4	3	3	4	4
广州	5	5	5	5	5	5
重庆	3	3	4	4	3	3

资料来源：依据财经指数模型数据计算。

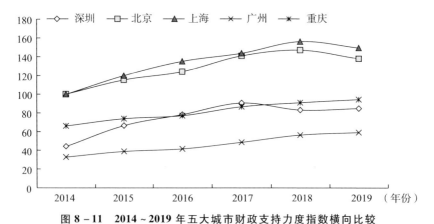

图8-11 2014～2019年五大城市财政支持力度指数横向比较

2015～2019年上海市的财政支持力度居于五大城市的首位，且远远高于深圳、广州和重庆，广州市则位于最后，与其他城市差距较大。从变动趋势来看，深圳、上海、广州、重庆四大城市增长趋势基本相同，保持平稳上升的增长趋势。从增长率来看，上海与深圳的增长率均出现递减的情况，两大城市 2015 年有较高的增长率，分别为 15.20% 和 19.92%，而 2019 年同时出现负增长的情况，增长率分别为 - 6.27% 和 - 4.37%。广州和重庆的增长率波动较大，2015 年、2017 年和 2018 年增长速度较快，而 2016 年和 2019 年增长速度较慢。

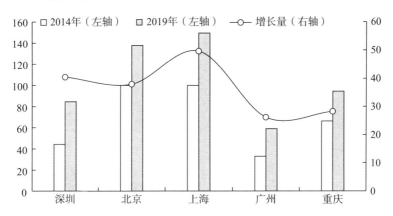

图 8 - 12　五大城市财政支持力度指数 2014 年与 2019 年增长变动对比

表 8 - 8　2015～2019 年五大城市财政支持力度指数增长率变化

单位：%

城市	2015 年	2016 年	2017 年	2018 年	2019 年
北京	50.02	17.77	15.71	- 8.29	2.02
上海	15.20	7.69	13.63	4.35	- 6.27
深圳	19.92	12.81	6.37	8.75	- 4.37
广州	18.09	7.18	16.85	15.98	4.82
重庆	11.68	4.38	12.35	5.01	3.71

资料来源：依据财经指数模型数据计算。

（一）北京市一般公共预算总支出呈上升趋势

2014～2019 年，北京市一般公共预算总支出测评值在五大城市中排名第二，远远高于深圳、广州和重庆（见图 8 - 13）。2014～2018 年北京市的一般公共预算总支出测评值处于上升趋势，但 2019 年出现下降。从增长变动来看，2019 年北京市一般公共预算总支出测评值相对于 2014 年变化较大，增长 55.39（见图 8 - 14）。从增长率的变化来看，北京市一般公共预算总支出测评值的增长变动较快，2015～2017 年增长率由 26.81% 下降为

6.52%，2018年出现小幅上升，增长率为9.48%，而2019年出现负增长，增长率为－5.89%（见表8－9）。结合五大城市财政支持力度横向比较分析，可以看出北京市一般公共预算总支出测评值的变化趋势与财政支持力度指数的变化趋势基本一致，是北京市在财政支持力度指数排名中领先于其他城市的主要原因。

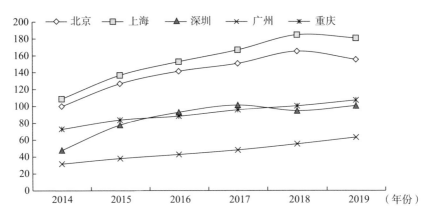

图8－13　2014～2019年五大城市一般公共预算总支出测评值横向比较

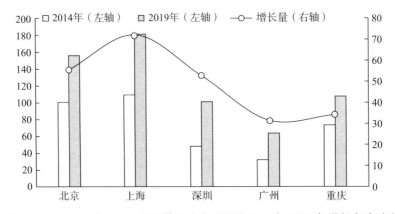

图8－14　五大城市一般公共预算总支出测评值2014与2019年增长变动对比

表8－9　2015～2019年五大城市一般公共预算总支出测评值增长率变化

单位：%

城市	2015年	2016年	2017年	2018年	2019年
北京	26.81	11.66	6.52	9.48	－5.89
上海	25.76	11.75	9.09	10.65	－2.06

城市	2015 年	2016 年	2017 年	2018 年	2019 年
深圳	62.58	19.58	9.09	-6.78	6.27
广州	20.30	12.50	12.46	14.65	14.32
重庆	14.83	5.49	8.37	4.70	6.76

资料来源：依据财经指数模型数据计算。

上海市的一般公共预算总支出测评值在五大城市中排名第一，且与北京市的变化趋势一致，2014～2018 年处于上升趋势，2019 年出现下降；深圳市与重庆市排名处于中间位置，广州市则排在最后一位。广州市与重庆市的变化趋势一致，2014～2019 年处于上升趋势；深圳市 2014～2017 年有较快增长，而 2018 年呈现下降趋势。从增长率的变化来看，深圳市 2015 年增长率较高，达到 62.58%，而 2018 年出现 -6.78% 的负增长；上海市的增长率总体来说处于下降趋势，由 2015 年的 25.76% 下降到 2019 年的 -2.06%；广州市的增长率变化较小，相对稳定；重庆市增长率 2015 年较高，达到 14.83%，其他年份增长缓慢。

（二）北京市公共性支出增长速度较快

2014 年和 2015 年北京市公共性支出测评值位于五大城市的首位，2016～2019 年排名第二，远远高于重庆、深圳和广州（见图 8-15）。2014～2019 年北京市公共性支出测评值处于上升趋势，其中 2014～2018 年上升较快，2019 年上升平缓。从增长变动对比看，北京市公共性支出测评值 2019 年与 2014 年相比，增长变动较大，增长 73.39，高于重庆、深圳和广州的增长变动情况（见图 8-16）。北京市公共性支出测评值的增长率总体来说呈现下降趋势，2015 年增长率为 31.81%，而 2019 年增长率仅为 0.76%（见表 8-10）。公共性支出包括民生类支出、一般公共服务、国防和公共安全支出。结合五大城市财政支持力度横向比较分析，可以看出北京市公共性支出测评值的变化趋势与财政支持力度指数的变化趋势基本一致，是北京市在财政支持力度二级指数排名中领先于其他城市的主要原因。

上海市公共性支出测评值水平较高，2014 年和 2015 年排名第二，2016～2019 年保持首位；重庆、广州和深圳的排名分别居于第三、第五和第四位。

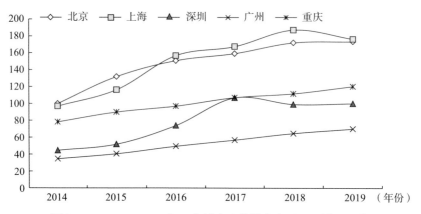

图 8 - 15　2014～2019 年五大城市公共性支出测评值横向比较

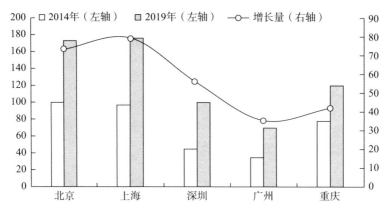

图 8 - 16　五大城市公共性支出测评值 2014 年与 2019 年增长变动对比

表 8 - 10　2015～2019 年五大城市公共性支出测评值增长率变化

单位：%

城市	2015 年	2016 年	2017 年	2018 年	2019 年
北京	31.81	14.33	5.66	8.07	0.76
上海	20.02	34.66	6.89	11.79	- 5.73
深圳	16.25	42.57	44.35	- 7.10	0.97
广州	17.16	21.87	15.01	13.92	8.30
重庆	14.87	7.79	10.52	4.45	7.72

资料来源：依据财经指数模型数据计算。

从五大城市公共性支出测评值横向比较来看，重庆和广州的变动趋势趋同，保持上升趋势；深圳 2014～2017 年保持上升趋势，而 2017～2019 年呈现下降趋势。由增长率变化可知，上海市 2016 年增长速度较快，达到 34.66%，而 2019 年出现负增长，增长率为 -5.73%；深圳市 2017 年增长速度较快，达到 44.35%，而 2018 年出现 -7.10% 的负增长率；广州市的增长率除了 2019 年较低，为 8.30% 以外，在其他年份保持较高的增长速度；重庆市与其他城市相比增长率相对较低，2015 年增长率最高为 14.87%，而 2018 年增长率最低为 4.45%。

（三）北京市经济性支出波动增长

从经济性支出测评值的角度来看，北京市的表现也较为突出，其中 2014 年和 2017 年在五大城市中排名首位，在其他年份保持第二名，远远高于重庆、深圳和广州（见图 8-17）。从横向比较来看，北京市的经济性支出测评值波动变化较大，2014~2016 年呈现下降趋势，而 2017 年呈上升趋势，随后又呈现下降趋势。由增长率变化可知，北京市经济性支出测评值仅 2017 年增长速度较快，增长率为 64.39%，其他年份均为负增长，其中 2015 年增长率最低，为 -19.38%（见表 8-11）。经济性支出是政府财力与公共性支出的差值，经济性支出与公共性支出呈现反向关系。结合五大城市财政支持力度横向比较分析，可以看出北京市经济性支出测评值的变化趋势与财政支持力度指数的变化趋势不一致，因此不是北京市在财政支持力度二级指数排名中领先于其他城市的主要原因。

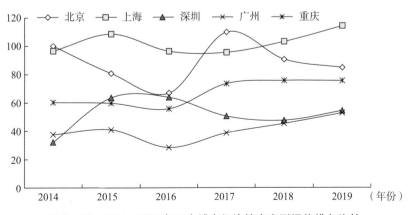

图 8-17　2014~2019 年五大城市经济性支出测评值横向比较

表 8 - 11　2015～2019 年五大城市经济性支出测评值增长率变化

单位：%

城市	2015 年	2016 年	2017 年	2018 年	2019 年
北京	- 19. 38	- 17. 21	64. 39	- 17. 50	- 6. 41
上海	12. 40	- 11. 20	- 0. 87	7. 93	10. 76
深圳	97. 08	0. 32	- 20. 89	- 5. 77	14. 15
广州	8. 60	- 30. 48	36. 07	17. 29	16. 52
重庆	- 1. 09	- 6. 56	31. 62	2. 91	- 0. 15

资料来源：依据财经指数模型数据计算。

　　上海市的经济性支出测评值仅在 2014 年和 2017 年排名第二，在其他年份保持首位，且远远高于深圳、重庆和广州三大城市。从横向比较来看，上海、重庆和广州呈现波动上升的趋势；深圳 2014～2015 年呈上升趋势，2016～2018 年呈下降趋势，而 2019 年实现上升。从增长变动对比来看，深圳市和上海市 2019 年较 2014 年增长量较多，远高于其他三个城市（见图 8 - 18）。由增长率变化可知，深圳 2015 年增长速度最快，增长率为 97.08%，而 2017 年出现负增长，增长率为 - 20.89%。广州市仅在 2016 年为负增长的状态，增长率为 - 30.48%，其他年份保持较高水平的增长。重庆市仅在 2017 年和 2018 年实现正向增长，增长率分别为 31.62% 和 2.91%，其他年份均为负增长状态。上海市 2016 年和 2017 年呈现负增长，增长率分别为 - 11.20% 和 - 0.87%，其他年份保持缓慢增长。

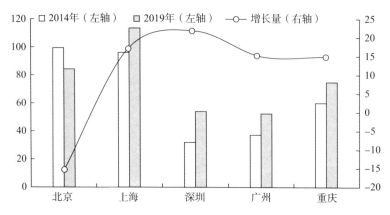

图 8 - 18　五大城市经济性支出测评值 2014 年与 2019 年增长变动对比

（四）北京市创新类支出稳居首位

2014～2019年，北京市的创新类支出测评值一直保持在五大城市首位，远远高于深圳、重庆和广州（见图8-19）。从横向比较来看，2014～2018年北京市创新类支出测评值处于上升趋势，而2019年呈现下降趋势。就其增长变动来看，相比于2014年，北京市创新类支出测评值在2019年有较大的增长（见图8-20）。由增长率的变化可知，北京市的创新类支出测评值在2017年增长率水平较高，达到12.20%，而在2019年出现负增长，增长率为-15.51%，其他年份增长速度较慢（见表8-12）。创新类支出包括科学技术支出、教育支出和文体传媒支出，说明北京市对于科学技术、教育

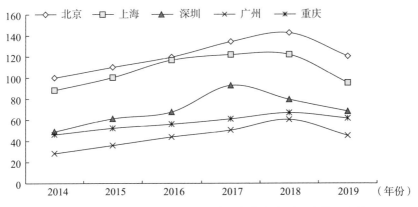

图8-19 2014～2019年五大城市创新类支出测评值横向比较

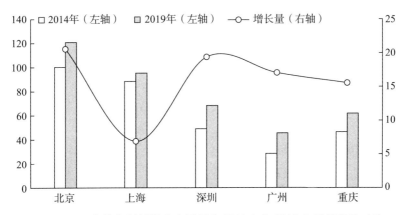

图8-20 五大城市创新类支出测评值2014年与2019年增长变动对比

和文体传媒较为重视。结合五大城市财政支持力度横向比较分析，可以看出北京市创新类支出测评值的变化趋势与财政支持力度指数的变化趋势基本一致，且北京市创新类支出测评值的排名保持第一，因此创新类支出是北京市在财政支持力度二级指数排名中领先于其他城市的主要原因。

表 8 - 12　2015～2019 年五大城市创新类支出测评值增长率变化

单位：%

城市	2015 年	2016 年	2017 年	2018 年	2019 年
北京	9.97	8.83	12.20	6.26	-15.51
上海	13.64	16.35	4.56	0.03	-22.04
深圳	25.22	10.29	37.19	-14.33	-14.03
广州	26.87	22.06	15.10	19.85	-25.06
重庆	13.01	7.48	8.90	9.52	-7.79

资料来源：依据财经指数模型数据计算。

上海、广州、重庆创新类支出测评值的变化趋势与北京大体相同，2014～2018 年保持上升趋势，而 2019 年出现下降，上海市的创新类支出测评值排名第二，且远高于深圳、重庆和广州三个城市。深圳创新类支出测评值2014～2017 年呈上升趋势，而 2018 年和 2019 年呈下降趋势。就增长变动来看，2019 年五大城市均呈现不同程度的负增长，其中广州市增长率最低，达到 -25.06%；重庆市下降幅度较小，增长率为 -7.79%。深圳 2017 年增长率较高，达到 37.19%；广州市 2015 年增长率较高，达到 26.87%。

三　北京财政可持续性指数相对稳定

财政可持续性指数由土地出让收入/一般公共预算收入、税收收入/一般公共预算收入、政府债务余额/GDP、一般公共预算收入/一般公共预算总支出各项得分综合所得。

五大城市财政可持续性指数排名基本稳定，2014～2019 年指数绝对值呈现小幅波动，但对五大城市排名没有产生影响，北京稳居第二（见图 8 - 21）。其中深圳财政可持续性指数远超其他城市，五年连续第一，波动幅度也相对较大，除 2015 年和 2019 年下降外，其余年份均保持上升；北京财政可持续性指数排名第二，2014～2019 年指数波动幅度相较深圳而言更小，除 2017 年增长率为 –16.11%，相较上年下降，其余年份均较上年呈现小幅上升；上海财政可持续性指数是五大城市中最稳定的，五年间增长率波动未超过 5 个百分点，总体而言 2019 年相较 2014 年有小幅下降；广州财政可持续性指数 2019 年较 2014 年有小幅上升，其中 2016 年增长率达到 36.01%；重庆财政可持续性指数变动趋势与广州相似，2019 年较 2014 年有小幅上升，但波动幅度较广州更小（见图 8–22、表 8–13）。

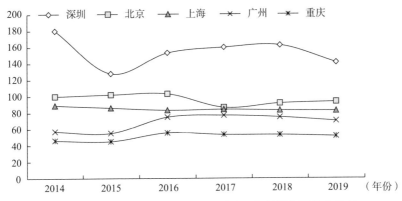

图 8–21　2014～2019 年五大城市财政可持续性指数横向比较

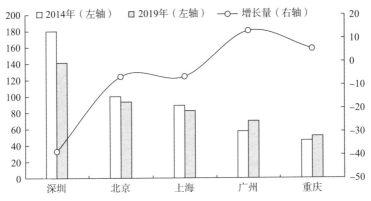

图 8–22　五大城市财政可持续性指数 2014 年与 2019 年增长变动对比

表 8–13　2015～2019 年五大城市财政可持续性指数增长率变化

单位：%

城市	2015 年	2016 年	2017 年	2018 年	2019 年
深圳	–29.00	19.87	4.45	1.55	–12.95

续表

城市	2015 年	2016 年	2017 年	2018 年	2019 年
北京	2.03	1.08	− 16.11	5.80	2.05
上海	− 3.37	− 3.29	1.15	− 1.35	− 0.64
广州	− 3.51	36.01	2.80	− 2.92	− 6.20
重庆	− 2.17	23.28	− 3.77	− 0.54	− 3.14

资料来源：依据财经指数模型数据计算。

（一）北京土地出让收入／一般公共预算收入排名最低

在土地出让收入／一般公共预算收入测评值中，五大城市差距较大，北京的该测评值排名最后，土地出让比例较低（见图 8 - 23）。从增长变动来看，北京土地出让收入／一般公共预算收入测评值 2019 年与 2014 年相比基本持平，与其余四大城市相比波动幅度最小，最为稳定（见图 8 - 24），土地出让比例低与其首都的城市定位有关。其中值得注意的是，北京该测评值经过 2015 ~ 2016 年两年小幅下降后，2017 年增长率达到 124.15%[①]，成为五大城市中最高年增长率（见表 8 - 14）。重庆与广州该测评值在 2015 ~ 2016 年持续下降后，2017 年有较大幅度提升，而后 2018 ~ 2019 年均呈现高位小幅波动，为五大城市中该测评值最高的两个城市。上海 2014 年该测评

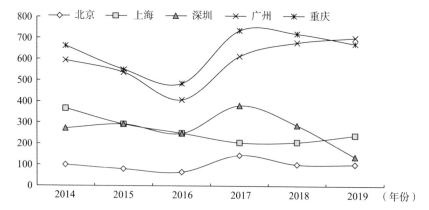

图 8 - 23　2014 ~ 2019 年五大城市土地出让收入／一般公共预算收入测评值横向比较

---

① 由前文所述，拍卖石景山地块给绿地中国等，使 2017 年北京市的土地出让收入迅速增加。

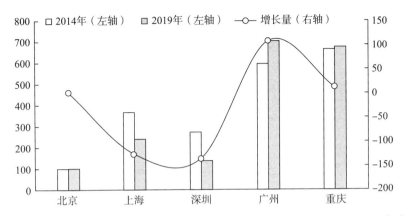

图 8 - 24　五大城市土地出让收入/一般公共预算收入测评值 2014 年与 2019 年增长变动对比

值处于五大城市中第三位，2015～2017 年连续下降，2018～2019 年小幅提升，总体而言 2019 年与 2014 年相比有所下降。2014 年深圳该测评值处于五大城市中第四位且波动较大，总体而言 2019 年与 2014 年相比有所下降。

表 8 - 14　2015～2019 年五大城市土地出让收入/一般公共预算收入测评值增长率变化

单位：%

城市	2015 年	2016 年	2017 年	2018 年	2019 年
北京	- 20.67	- 18.74	124.15	- 30.03	0.07
上海	- 20.37	- 14.67	- 17.57	1.05	15.71
深圳	6.92	- 14.82	53.00	- 24.37	- 51.93
广州	- 9.70	- 24.32	50.96	10.60	3.48
重庆	- 16.82	- 12.05	51.69	- 1.99	- 6.54

资料来源：依据财经指数模型数据计算。

（二）北京税收收入/一般公共预算收入排名前列

在税收收入/一般公共预算收入测评值中，五大城市绝对值差距不大且波动幅度较小，较为稳定，北京与上海排名前列，趋势相似，均小幅下降（见图 8 - 25）。北京该测评值 2019 年与 2014 年相比小幅下降，2015～2017 年连续三年下降，2018～2019 年略有上升但增长率小于 1%（见表 8 - 15）。同时，北京税收收入/一般公共预算收入测评值处于各城市前列，说明政府预算中税收较多，有较强的财政实力与丰富的财政动力源支持财政可持续性。

上海该测评值绝对值和趋势均与北京相近，波动幅度相较北京而言更小，说明上海的税收收入也较多。深圳与广州该测评值列于五大城市中第三名与第四名，且除 2017 年和 2018 年外，均小幅下降。重庆该测评值位于五大城市末位，但总体而言是 2019 年与 2014 年相比唯一有所提高的城市（见图 8 - 26）。

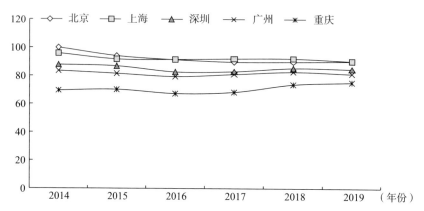

图 8 - 25　2014～2019 年五大城市税收收入／一般公共预算收入测评值横向比较

表 8 - 15　2015～2019 年五大城市税收收入／一般公共预算收入测评值增长率变化

单位：%

城市	2015 年	2016 年	2017 年	2018 年	2019 年
北京	− 5.86	− 2.91	− 1.74	0.13	0.50
上海	− 4.34	− 0.22	0.55	0.13	− 1.88
深圳	− 1.10	− 4.77	0.41	2.85	− 0.77
广州	− 2.35	− 2.62	2.02	2.10	− 1.65
重庆	0.94	− 4.10	1.52	7.93	2.03

资料来源：依据财经指数模型数据计算。

（三）北京政府债务余额／GDP 相对稳定

在政府债务余额／GDP 测评值中，五大城市绝对值差距较大，波动幅度也不相同（见图 8 - 27）。北京该测评值 2019 年与 2014 年相比小幅上升，除 2016 年增长率达到 15.96%，其余年份均小幅波动，说明北京对于政府债务的控制比较稳定。重庆该测评值处于五大城市第一名，且 2014～2019 年总体呈现阶梯式上升，政府债务扩张。上海该测评值于 2015 年和 2016 年大幅上涨，

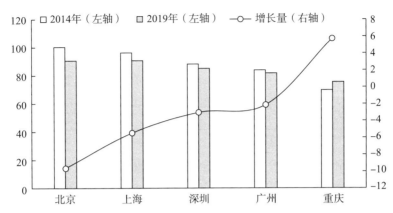

图 8 - 26 五大城市税收收入/一般公共预算收入测评值 2014 年与 2019 年增长变动对比

增长率分别达到 176.22% 和 122.52%，其原因是上海新增政府债券安排使用方案的出台，而后在 2017~2019 年趋于稳定。广州该测评值总体而言 2019 年与 2014 年相比有所下降，除 2015 年和 2017 年降幅分别达到 12.54% 和 14.63%，其余年份均上升（见表 8 - 16）。2015~2019 年，深圳该测评值远低于其他四大城市，排名五大城市末位，且波动幅度最小，总体而言 2019 年与 2014 年该测评值绝对值基本持平，说明深圳的政府债务较少（见图 8 - 28）。

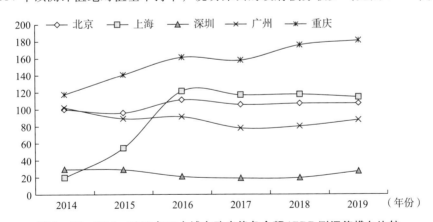

图 8 - 27 2014~2019 年五大城市政府债务余额/GDP 测评值横向比较

表 8 - 16 2015~2019 年五大城市政府债务余额/GDP 测评值增长率变化

单位：%

城市	2015 年	2016 年	2017 年	2018 年	2019 年
北京	- 3.97	15.96	- 5.05	1.26	0.15

续表

城市	2015 年	2016 年	2017 年	2018 年	2019 年
上海	176.22	122.52	− 3.72	0.54	− 2.66
深圳	− 1.16	− 27.77	− 9.65	3.26	38.71
广州	− 12.54	2.34	− 14.63	2.92	9.27
重庆	19.78	14.62	− 2.16	11.34	3.06

资料来源：依据财经指数模型数据计算。

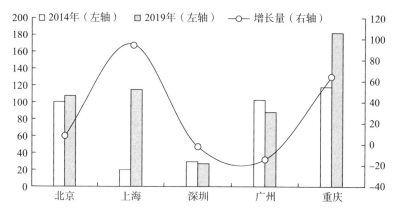

图 8 - 28　五大城市政府债务余额/GDP 测评值 2014 年与 2019 年增长变动对比

（四）北京一般公共预算收入/一般公共预算总支出排名前列

在一般公共预算收入/一般公共预算总支出测评值中，五大城市 2019 年与 2014 年相比均呈现下降趋势，总体而言一般公共预算收入占比均出现不同程度的降低（见图 8 - 29）。北京该测评值在五大城市中排名前三位，且波动幅度不大，除 2015 年、2016 年、2018 年较上年下降外，其余年份均有小幅增长，总体而言 2019 年相较 2014 年小幅下降。上海该测评值 2015 ～ 2019 年处于五大城市第一位，波动幅度与北京相比更小，稳定在高位，2019 年相较 2014 年有小幅下降。深圳该测评值在 2014 ～ 2019 年出现波动，经过 2015 ～ 2017 年三年连续下降后，2018 ～ 2019 年有所回升。广州该测评值在 2014 ～ 2019 年呈现阶梯式下降，每年均较上年小幅下降。重庆该测评值排名处于五大城市末位，绝对值相对较低，趋势与广州相近，也在 2014 ～ 2019 年呈现阶梯式下降（见表 8 - 17、图 8 - 30）。

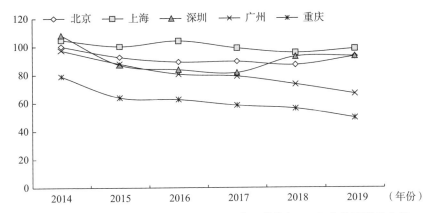

图 8 – 29　2014～2019 年五大城市一般公共预算收入／一般公共预算总支出
测评值横向比较

表 8 – 17　2015～2019 年五大城市一般公共预算收入／一般公共预算总支出
测评值增长率变化

单位：%

城市	2015 年	2016 年	2017 年	2018 年	2019 年
北京	- 7.50	- 3.67	0.34	- 2.69	6.84
上海	- 4.29	3.86	- 4.95	- 3.29	2.92
深圳	- 19.47	- 3.81	- 2.61	13.91	0.34
广州	- 9.76	- 8.20	- 1.95	- 7.24	- 9.16
重庆	- 19.14	- 2.00	- 6.73	- 3.90	- 11.75

资料来源：依据财经指数模型数据计算。

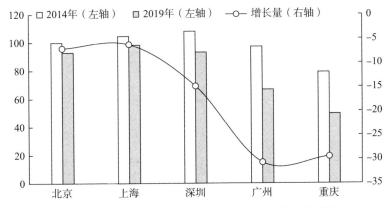

图 8 – 30　五大城市一般公共预算收入／一般公共预算总支出
测评值 2014 年与 2019 年增长变动对比

四 北京财政支持效度指数逐年上升

财政支持效度指数由一般公共预算收入/GDP、公共性支出/一般预算总支出、人均一般公共预算总支出、R&D 支出占 GDP 比例各项测评值综合所得。

五大城市财政支持效度指数绝对值差距不大，且在 2014～2019 年有相似的趋势，2019 年相较 2014 年均有不同程度的上涨，北京略低于广州，2019 年排名第二（见图 8－31）。广州财政支持效度指数连续五年高于其他四大城市，排名第一，并且每年均较上一年小幅上涨；北京财政支持效度指数 2014～2019 年连续上升，每年涨幅略高于广州，说明北京财政支持的效度逐渐提高；深圳财政支持效度指数在 2014～2019 年存在小幅波动，除2015 年和 2018 年增长率分别为－3.41%和－1.46%，其余年份均较上年上升；重庆财政支持效度指数 2014～2019 年也持续上升，其中 2019 年增长率达到 11.20%，成为五大城市中最高年增长率；上海财政支持效度指数处于五大城市末位，趋势与广州相似，但波动幅度比广州大，总体而言 2019 年相较 2014 年有小幅上升（见表 8－18、图 8－32）。

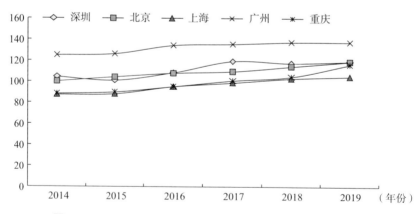

图 8－31　2014～2019 年五大城市财政支持效度指数横向比较

表 8－18　2015～2019 年五大城市财政支持效度指数增长率变化

单位：%

城市	2015 年	2016 年	2017 年	2018 年	2019 年
深圳	－3.41	7.27	10.12	－1.46	1.31

续表

城市	2015 年	2016 年	2017 年	2018 年	2019 年
北京	4.03	3.39	1.54	4.42	4.23
上海	0.76	7.93	3.91	4.20	1.88
广州	0.98	6.32	0.96	1.41	0.14
重庆	1.65	5.88	5.94	3.78	11.20

资料来源：依据财经指数模型数据计算。

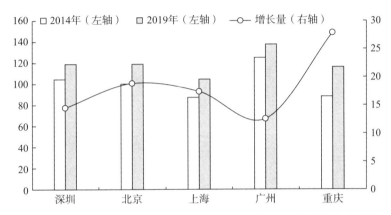

图 8 - 32 五大城市财政支持效度指数 2014 年与 2019 年增长变动对比

（一）北京一般公共预算收入/GDP 绝对值较高

在一般公共预算收入/GDP 测评值中，五大城市该测评值绝对值差距较大，北京该测评值数值较高，说明政府获取的国民收入占比较高（见图 8 - 33）。该测评值越高对财政支持效度指数的提升作用越小。北京该测评值在 2014～2019 年连续五年排名第二，除 2015 年增长率达到 8.68%，其余年份均较上年下降，说明北京的一般公共预算收入对 GDP 的占有比例减小。上海该测评值在 2014～2019 年连续五年排名第一，除 2017 年和 2019 年增长率分别为 -4.60% 和 -13.66%，其余年份均上升，总体而言 2019 年与 2014 年相比该测评值绝对值大体持平。深圳该测评值趋势与上海相似，2015～2019 年在五大城市中排名第三。重庆该测评值除 2015 年增长率达到 1.72%，其余年份均下降，且下降幅度为五大城市中最大。广州该测评值在 2014～2019 年基本保持不变，波动极小（见表 8 - 19、图 8 - 34）。

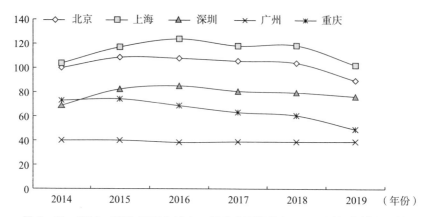

图 8 - 33　2014～2019 年五大城市一般公共预算收入/GDP 测评值横向比较

表 8 - 19　2015～2019 年五大城市一般公共预算收入/GDP 测评值增长率变化

单位：%

城市	2015 年	2016 年	2017 年	2018 年	2019 年
北京	8.68	- 0.75	- 2.07	- 1.56	- 13.82
上海	12.90	5.67	- 4.60	0.31	- 13.66
深圳	19.56	3.19	- 5.15	- 1.40	- 4.08
广州	0.16	- 4.39	1.44	0.03	0.47
重庆	1.72	- 7.64	- 8.03	- 4.02	- 18.72

资料来源：依据财经指数模型数据计算。

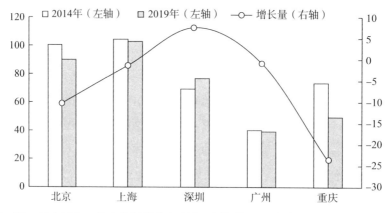

图 8 - 34　五大城市一般公共预算收入/GDP 测评值 2014 年与 2019 年增长变动对比

（二）北京公共性支出/一般预算总支出小幅上升

在公共性支出/一般预算总支出测评值中，五大城市 2019 年与 2014 年相比均呈现上升趋势，总体而言公共性支出占比测评值均出现不同程度上升（见图 8 – 35）。2014～2017 年北京该测评值在五大城市中排名第三，2019 年相较 2014 年略有上升，总体呈现波动上升趋势，说明北京的公共性支出有一定提高。广州该测评值排名五大城市前列，2019 年与 2014 年基本持平，除 2016 年和 2017 年增长率分别达到 8.32% 和 2.26%，其余年份均小幅下降。重庆该测评值也处于五大城市前列，2014～2019 年较为稳定，波动较小，总体而言 2019 年相较 2014 年略微上涨。上海该测评值于 2015～2016 年波动较大，2016 年增长率达到 20.50%，继而基本保持稳定，2019 年有小幅下降。深圳该测评值变动趋势与上海类似，在 2014～2019 年有较大波动，2015 年增长率为 – 28.50%，2017 年增长率为 32.32%，成为五大城市中最高年增长率（见表 8 – 20、图 8 – 36）。

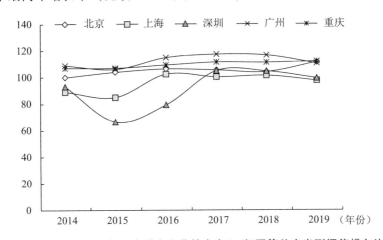

图 8 – 35　2014～2019 年五大城市公共性支出/一般预算总支出测评值横向比较

表 8 – 20　2015～2019 年五大城市公共性支出/一般预算总支出测评值增长率变化

单位：%

城市	2015 年	2016 年	2017 年	2018 年	2019 年
北京	3.95	2.39	– 0.81	– 1.29	7.07
上海	– 4.56	20.50	– 2.02	1.03	– 3.74

续表

城市	2015 年	2016 年	2017 年	2018 年	2019 年
深圳	－28.50	19.23	32.32	－0.35	－4.99
广州	－2.61	8.32	2.26	－0.63	－5.27
重庆	0.03	2.18	1.98	－0.25	0.89

资料来源：依据财经指数模型数据计算。

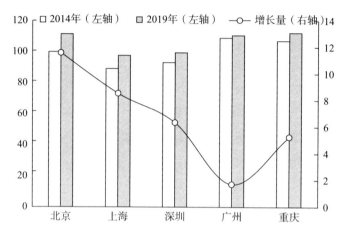

图 8-36　五大城市公共性支出/一般预算总支出测评值 2014 年与 2019 年增长变动对比

（三）北京人均一般公共预算总支出排名前列

在人均一般公共预算总支出测评值中，五大城市在绝对值上明显区分为两类，深圳、上海、北京绝对值较高，广州与重庆绝对值较低（见图 8-37）。北京该测评值不论绝对值还是趋势均与上海类似，2014～2018 年连续上升，但 2015～2017 年一直排在深圳之后，在 2018～2019 年三个城市该测评值绝对值基本持平，北京在 2019 年略低于深圳与上海，说明这三个城市人均公共预算条件较为优秀。深圳该测评值在 2015 年增长率达到 57.07%，成为五大城市中最高年增长率，在经过 2015～2017 年大幅上涨后，2018 年有所回落。上海该测评值 2014～2018 年连续四年上升，2019 年略微下降。广州与重庆该测评值相较前面三个城市偏低，但在 2014～2018 年均呈现上升趋势，广州上升幅度略大于重庆，说明其人均公共预算条件逐渐转好（见表 8-21、图 8-38）。

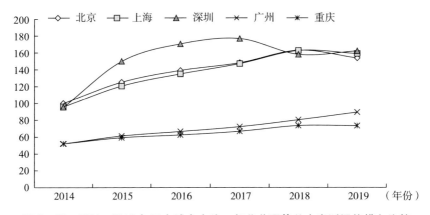

图 8 – 37 2014 ～ 2019 年五大城市人均一般公共预算总支出测评值横向比较

表 8 – 21 2015 ～ 2019 年五大城市人均一般公共预算总支出测评值增长率变化

单位：%

城市	2015 年	2016 年	2017 年	2018 年	2019 年
北京	25.18	11.11	6.52	9.95	− 5.65
上海	25.76	11.89	9.02	10.56	− 2.25
深圳	57.07	13.78	3.66	− 10.60	2.61
广州	17.70	8.57	8.53	11.29	11.27
重庆	13.90	5.37	6.93	10.05	− 0.10

资料来源：依据财经指数模型数据计算。

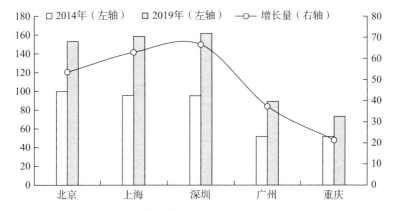

图 8 – 38 五大城市人均一般公共预算总支出测评值 2014 年与 2019 年增长变动对比

（四）北京 R&D 支出占 GDP 比例较高

在 R&D 支出占 GDP 比例测评值中，五大城市区分度较大，且排名稳定，北京 2014～2019 年均排名第一（见图 8-39）。北京该测评值排名五大城市第一，绝对值处于高位，且总体而言 2019 年相较 2014 年小幅上升，说明北京科研投入相对于其余四大城市更多。深圳该测评值排名五大城市第二，在 2014～2019 年连续五年上升，2018 年增长率达到 10.58%。上海该测评值 2019 年相较 2014 年有小幅上升，但波动幅度较小，除 2019 年增长率为 −1.44%，其余年份均小幅上升。广州该测评值排名五大城市第四，在 2014～2019 年连续上升，2016 年增长率达到 11.43%。重庆该测评值排名五大城市末位，趋势与广州相似，2015 年增长率达到 15.04%，成为五大城市中的最高年增长率（见表 8-22、图 8-40）。

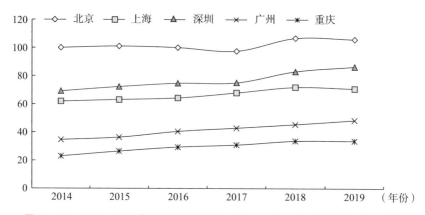

图 8-39　2014～2019 年五大城市 R&D 支出占 GDP 比例测评值横向比较

表 8-22　2015～2019 年五大城市 R&D 支出占 GDP 比例测评值增长率变化

单位：%

城市	2015 年	2016 年	2017 年	2018 年	2019 年
北京	1.04	−1.03	−2.42	9.40	−0.81
上海	1.96	1.92	5.65	5.85	−1.44
深圳	4.50	3.35	6.55	10.58	4.09
广州	5.00	11.43	5.98	6.05	6.46
重庆	15.04	11.11	5.29	8.94	0.00

资料来源：依据财经指数模型数据计算。

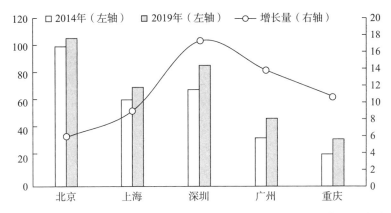

图 8 - 40 五大城市 R&D 支出占 GDP 比例测评值 2014 年与 2019 年增长变动对比

五 北京优势识别

由前四节分析可知，2014～2019 年，北京市财政支持分项指数保持稳定增长。四个二级指标中，北京市的财政支持分项指数优势主要体现在财政支持力度指数、财政可持续性指数和财政支持效度指数。其中，在其下的三级指标中，债务收入指数、政府财力指数、一般公共预算总支出指数、公共性支出指数、创新类支出指数、土地出让收入/一般公共预算收入指数、税收收入/一般公共预算收入指数以及 R&D 支出占 GDP 比例指数北京相较其他四大城市而言具有相对优势，这些指数是北京市在财政支持分项指数排名中领先其他城市的主要原因。

北京市财政支持分项指数 2014～2019 年波动上升，财政支持分项指数排名由第三位上升到第二位，表明北京市财政支持投入较多，政府财政支持力度较大，在减轻中小微企业的实际成本负担、促进学前教育事业发展、疏解非首都功能、构建高精尖经济结构等方面发挥着巨大作用。财政部门主动让渡资金给市场，加大对企业研发成本、出租车运营、社会保险基金以及对相关人员培训的补贴力度，增强中小微企业的市场活力；对学前教育的补助，进一步缓解"入园难"问题，改善幼儿园办园条件，提升办园质量，加强基础设施建设；北京市为高精尖企业在京创新发展营造良好环境，在疏解非首都功能的同时，进一步深化财税体制改革与创新，有效发挥财政资金引导作用，推动符合首都城市战略定位的重点项目和产业能够顺利落地实施，实现经济社会更高质量、更高水平的发展。

2014年北京市财政支持力度指数在五大城市中居于首位，2015~2019年在五大城市中保持第二，排名较为突出，总体呈现增长的态势。其中，北京市较其他城市的优势主要体现在一般公共预算总支出、公共性支出和创新类支出方面。在一般公共预算总支出方面，北京市加大对教育、医疗、卫生、社会保障等民生领域以及科技方面的财政保障力度，与民生相关的支出与科技支出占比有所增加。一般公共服务支出、国防与公共安全支出的增加促进了公共性支出的增加，而北京市公共性支出的增加对于财政支持力度发挥着正向促进作用。在北京市创新类支出指标中，科学技术支出、教育支出和文体传媒支出均呈现逐年增加的趋势。因此，一般公共预算总支出、公共性支出和创新类支出对北京市财政支持力度的增大发挥着积极的正向作用。

北京财政支持效度指数与深圳较为接近，在五大城市中排名第二或第三，位于广州之后。其中，在R&D支出占GDP比例测评值上，北京相较其他四大城市具有相对优势。北京市近年来加快"四个中心"建设，包括全国政治中心、文化中心、国际交往中心、科技创新中心，R&D经费投入则是全国科技创新中心的建设重点之一。北京高校众多，创新人才高地建设成效显著，也培养和集聚了一批顶尖科学家，有效提升了北京基础科研能力。

北京财政可持续性指数在五大城市中位列第二，仅次于深圳。其中，土地出让收入／一般公共预算收入测评值与税收收入／一般公共预算收入测评值，北京相较其他四大城市具有相对优势。北京的城市战略定位决定其财政不应以土地出让收入为主，近年来土地市场下行、房价上升过快引发的房地产市场政策调控等，使北京土地出让收入占比低于其他城市。从税收收入／一般公共预算收入指标来看，北京税收收入中增值税、企业所得税、个人所得税三种税收项目占全市税收收入的80%以上，说明北京市产业及企业发展环境良好，能够创造巨大税收收入，政府预算中税收较多，也有较强的财政实力与丰富的财政动力源以支持财政可持续性。

北京市财政实力指数2019年在五大城市中排名第三。其中，债务收入和政府财力是北京市在财政实力排名中领先其他城市的主要原因。北京市债务规模的增大为推进京津冀协同发展、疏解非首都功能、城市副中心建设等重大战略，以及补齐城乡基础设施、棚户区改造、土地储备、环境整治和生态保护等领域短板提供了有力支撑。因此，债务收入对北京市财政实力的增加发挥着积极的正向作用，使北京市财政实力领先于其他城市。北京市政府财力水平的提高主要体现在将更多的财力投向教育、卫生、环保、社会保障等公共服务和民生领域。

第九章
金融支持横向比较及北京优势识别

做好金融工作、保障金融安全，是推动经济社会持续健康发展的基本条件，也是维护国家经济安全的重要保障。当前，国际国内环境正在发生深刻复杂的变化，客观上对新时代发挥金融支持作用提出了更高要求。为了进一步分析北京金融发展现状，识别北京金融支持发展优势以及思考北京金融支持未来发展方向，本章通过北京与上海、广州等四个城市的比较，从金融实力、金融支持力度、金融可持续性和金融支持效度四个维度分析北京金融支持指数的特点，为着力推进首都经济金融持续高质量发展、维护首都金融安全稳定提供借鉴。综合来看，北京市的金融支持分项指数处于绝对优势地位，在五个城市中连续六年排名第一，金融实力雄厚，金融支持力度强劲，金融可持续性占优，金融支持效度平稳发展。

一 北京金融实力指数保持领先

2014～2019 年五个城市的金融实力指数均呈现上升趋势，但每年的排名不变，北京的金融实力指数相对于其他四个城市一直处于领先地位，且一直保持相对较高的增长速度（见图 9 - 1）。

北京和上海的总体增幅较大，北京增幅尤为明显。2014～2019 年北京的金融实力指数变化高达 66.7，远超其他城市；上海次之，2014～2019 年其金融实力指数变化为 45.07；深圳、广州和重庆总体增长较为平缓，2014～2019 年指数变化分别仅为 25.38、17.64 和 11.54。由此可见，北京增幅几乎为重庆增幅的 6 倍（见图 9 - 2）。由以上对各三级指标分析可知，北京金融实力下的各三级指标值相对其他城市都呈现显著优势，这也解释了北京金融实力的突出表现。北京金融实力的增长主要缘于各项存款余额的增长

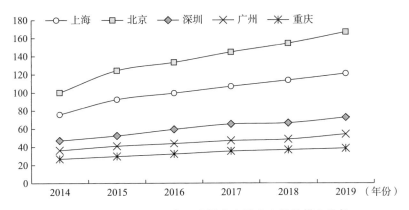

图 9 - 1　2014～2019 年五大城市金融实力指数横向比较

和金融机构法人数的支撑，上海金融实力增长也主要缘于各项存款余额的增长和金融机构法人数的支撑。

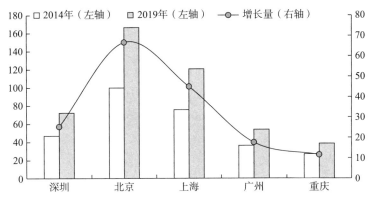

图 9 - 2　五大城市金融实力指数 2014 年与 2019 年增长变动对比

北京金融实力在 2014～2015 年增长迅猛，在 2016～2019 年增长率基本稳定在 6%～9%，在 2019 年有增速回升的趋势（见表 9 - 1）。上海金融实力一直处于仅次于北京的位置，深圳、广州和重庆的金融实力则相对较为薄弱。

表 9 - 1　2015～2019 年五大城市金融实力指数增长率变化

单位：%

城市	2015 年	2016 年	2017 年	2018 年	2019 年
深圳	11.45	13.38	9.75	1.70	9.21

续表

城市	2015 年	2016 年	2017 年	2018 年	2019 年
北京	24.32	7.20	8.47	6.67	8.11
上海	22.03	7.52	7.42	6.29	6.46
广州	13.06	6.72	7.14	3.10	11.55
重庆	10.62	8.58	9.46	4.16	4.41

（一）各项存款余额持续上升

北京的各项存款余额测评值一直高于其他四大城市，且一直处于上升趋势（见图9-3）。总体上看，五个城市各项存款余额测评值的变化以及增长趋势，与二级指标金融实力的走势相似。由此可以推断，北京金融实力雄厚的原因之一在于其各项存款余额一直处于较高水平。但两者的增长趋势也存在一定程度的差异，北京各项存款余额在2014～2015年的增长值相对于金融实力的增长值更为明显。

其他四个城市在2014～2019年的各项存款余额测评值也均呈现上升趋势。其中上海增长率很不稳定，其在2014～2015年的增长率高达40.44%，在2016～2017年的增长率低至1.76%，在2019年增长率有回升趋势。深圳、广州和重庆在2014～2019年增长较为平缓。

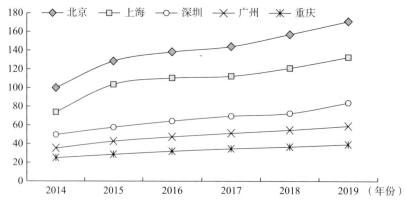

图9-3　2014～2019年五大城市各项存款余额测评值横向比较

上海各项存款余额测评值2014～2019年的增长量较大且仅次于北京，

深圳、广州、重庆增长量相对较小。其中北京各项存款余额测评值在 5 年间增长量为 70.9，上海各项存款余额在 5 年间增长量为 58.88。北京各项存款余额的增长量几乎接近重庆增长量的 5 倍（见图 9 - 4）。

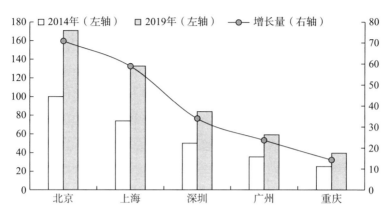

图 9 - 4　五大城市各项存款余额测评值 2014 年与 2019 年增长变动对比

北京各项存款余额测评值在 2014～2015 年的增长率为 28.45%（见表9 - 2），高于金融实力的增长率 24.32%，由此可推知可能是其他指标在2014～2015 年有一定程度的下降所致。

表 9 - 2　2015～2019 年五大城市各项存款余额测评值增长率变化

单位：%

城市	2015 年	2016 年	2017 年	2018 年	2019 年
北京	28.45	7.65	4.10	9.02	8.90
上海	40.44	6.51	1.76	7.70	9.66
深圳	15.63	11.49	8.16	4.14	15.70
广州	20.77	10.93	8.09	6.66	7.91
重庆	14.36	11.76	8.37	5.83	7.06

（二）金融机构资产总额平稳上升

北京金融运行整体平稳，金融资产规模一直维持在较高水平，且持续呈现上升趋势（见图 9 - 5）。北京的金融机构资产总额测评值一直高于其他四大城市，除了在 2016～2017 年增长有所放缓外增长势头均良好，尤其是在 2018～2019 年呈现一个较大幅度的增长。

上海的金融机构资产总额在 2014～2019 年呈现上升趋势，整体增长态势平缓，近两年增速开始逐步回升；深圳在 2014～2019 年整体呈现增长态势，但在 2017～2018 年出现小幅下降；广州在 2014～2018 年时增时减，但整体变动幅度不大，在 2018～2019 年出现一定程度的增长；重庆在 2014～2019 年一直呈现平稳而缓慢的上升趋势。

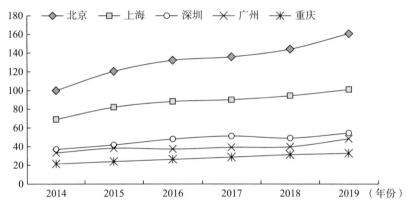

图 9－5 2014～2019 年五大城市金融机构资产总额测评值横向比较

总体来看，各城市的金融机构资产总额在 2014～2019 年均有一定增长，其中北京增长量最大，为 60.73；重庆增长量最小，为 11.36（见图 9－6）。

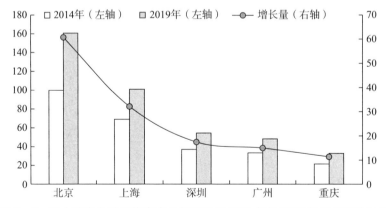

图 9－6 五大城市金融机构资产总额测评值 2014 年与 2019 年增长变动对比

以 2017 年为节点，北京的金融机构资产总额测评值增长率呈现一个先下降后上升的趋势，预计之后增速也会继续维持在较高水平（见表 9－3）。

表 9 - 3　2015～2019 年五大城市金融机构资产总额测评值增长率变化

单位：%

城市	2015 年	2016 年	2017 年	2018 年	2019 年
北京	20.38	9.84	2.80	6.06	11.49
上海	18.82	7.50	2.21	4.86	7.05
深圳	12.87	14.95	6.74	- 4.29	10.98
广州	14.70	- 2.51	5.14	1.50	21.30
重庆	11.98	9.62	9.04	8.99	4.68

（三）金融机构法人数趋于稳定

北京的金融机构法人数测评值相对其他城市有绝对优势，近两年人数趋于稳定。北京金融机构法人数测评值一直位于 5 个城市之首，整体上呈现增长趋势，在 2014～2015 年、2016～2017 年增长较快，在 2015～2016 年、2017～2019 年增速明显放缓；上海在 2014～2018 年持续增长至最大值 140.72，在 2018～2019 年出现小幅下降；重庆、广州和深圳的金融机构法人数在 5 年间变化量较小（见图 9 - 7）。

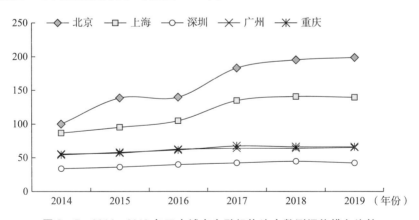

图 9 - 7　2014～2019 年五大城市金融机构法人数测评值横向比较

北京的金融机构法人数测评值在 2014～2019 年整体增长量为 98.8，远高于其他城市，几乎是深圳金融机构法人数增长量的 12 倍（见图 9 - 8）。由此可推知金融机构法人数的显著优势也是支撑北京金融实力的重要因素。

近两年五个城市金融机构法人数测评值增速均变缓，慢慢趋于稳定饱

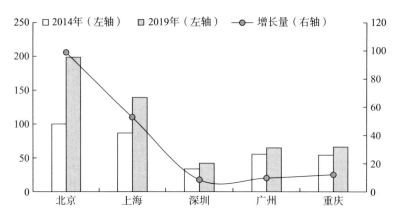

图9-8　五大城市金融机构法人数测评值2014年与2019年增长变动对比

和的状态，上海和深圳甚至还出现了负增长（见表9-4）。

表9-4　2015～2019年五大城市金融机构法人数测评值增长率变化

单位：%

城市	2015 年	2016 年	2017 年	2018 年	2019 年
北京	38.55	0.87	31.03	6.58	1.85
上海	9.72	10.13	28.51	4.47	-0.85
深圳	7.14	10.02	6.06	5.71	-5.41
广州	2.18	10.63	1.93	0.00	1.88
重庆	6.66	6.26	9.80	-1.78	0.00

（四）上市公司数处于较高水平

北京的上市公司数测评值相对其他城市处于较高水平，且一直维持稳定的增长趋势。上海的上市公司数与北京增长趋势相似；深圳一直维持增长趋势，且在2016～2017年呈现高速增长，甚至在2017年超过了上海的上市公司数；而广州、重庆与北京、上海、深圳存在较大差距，上市公司数较少且增速缓慢（见图9-9、表9-5）。

北京、上海、深圳的上市公司数测评值在2014～2019年增长量较大，其中深圳增长量最大，上海次之，北京第三，增长量分别为46.38、44.26、42.13。广州和重庆的增长量较小，分别为20.85和5.96（见图9-10）。

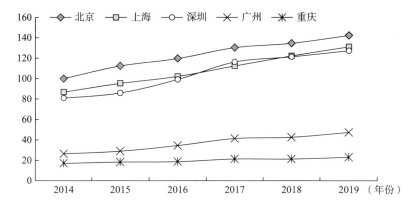

图 9 - 9　2014~2019 年五大城市上市公司数测评值横向比较

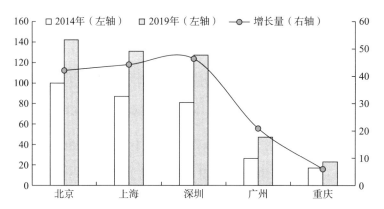

图 9 - 10　五大城市上市公司数测评 2014 年与 2019 年增长变动对比

表 9 - 5　2015~2019 年五大城市上市公司数测评值增长率变化

单位：%

城市	2015 年	2016 年	2017 年	2018 年	2019 年
北京	12.34	6.44	8.90	3.27	5.70
上海	9.80	7.14	10.00	8.71	7.31
深圳	6.32	15.34	17.17	4.40	4.91
广州	9.70	19.11	19.76	3.08	11.00
重庆	7.52	2.30	13.68	0.00	7.99

二　北京金融支持力度指数保持领先

总体来说，北京的金融支持力度指数一直维持在较高水平，相较其他城市处于优势地位，但也存在波动和不稳定性。北京的金融支持力度指数在 2014～2019 年一直维持在 100 及以上的相对较高的水平。另外由于北京的金融支持力度指数在 2014～2019 年时增时减，因此 2019 年和 2014 年的金融支持力度指数并无太大差距。北京金融支持力度指数在 2015 年达到最大值，另一个极大值出现在 2018 年，在 2018～2019 年出现小幅下降（见图 9－11、表 9－6）。

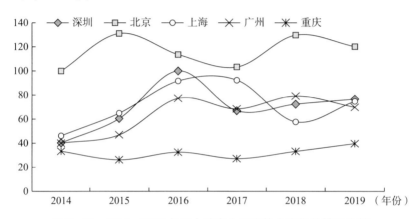

图 9－11　2014～2019 年五大城市金融支持力度指数横向比较

表 9－6　2015～2019 年五大城市金融支持力度指数增长率变化

单位：%

城市	2015 年	2016 年	2017 年	2018 年	2019 年
深圳	50.10	65.22	－33.10	8.28	5.78
北京	31.06	－13.40	－9.05	25.60	－7.33
上海	40.55	41.07	0.70	－37.46	29.53
广州	17.13	64.47	－11.36	15.56	－11.79
重庆	－21.16	23.99	－16.43	22.05	19.57

　　与北京形成鲜明对比的是重庆，其一直处于绝对劣势的地位，在五大城市中排名始终处于末位，但近两年有持续向好的趋势。深圳、上海和广州则处于北京和重庆之间，这三个城市在 2014 年的金融支持力度指数都在 40 左右，在 2019 年的金融支持力度指数都在 70 左右；2014～2015 年，金融支持力度由强到弱依次为上海、深圳、广州；2016 年，金融支持力度由强到弱依次为深圳、上海、广州；2017 年，金融支持力度由强到弱依次为

上海、广州、深圳；2018 年，金融支持力度由强到弱依次为广州、深圳、上海；2019 年，金融支持力度由强到弱依次为深圳、上海、广州。

五个城市的金融支持力度指数在 2014 ～ 2019 年都有一定程度的增长，其中深圳增长量最大，其次是广州、上海、北京，重庆增长量最小（见图 9 – 12）。

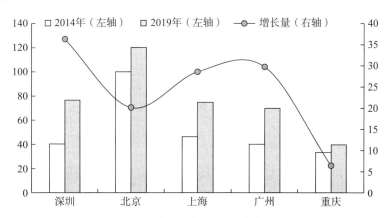

图 9 – 12　五大城市金融支持力度指数 2014 年与 2019 年增长变动对比

（一）社会融资规模增量波动较大

北京的社会融资规模增量测评值整体处于较高水平，但具有较强不稳定性。除 2017 年外，北京的社会融资规模增量测评值在其他年份均位于五大城市之首。上海和深圳的趋势相似，均为在 2014 ～ 2017 年持续攀升，在 2017 ～ 2018 年大幅下降，之后又在 2019 年回升。值得注意的是，在 2017 年之前上海的社会融资规模增量一直高于深圳，但在 2018 年及之后被深圳反超，甚至二者之间的差距还有继续增大的趋势。广州社会融资规模增量测评值在 2014 ～ 2017 年一直低于北京、上海和深圳三个城市，但在 2018 年高于深圳和上海，在 2019 年接近上海；重庆除在 2014 年略高于广州之外，一直居于其他四个城市之下，但其近两年有持续攀高的趋势（见图 9 – 13）。

与 2014 年相比，北京 2019 年社会融资规模增量测评值的增长量并不突出，落后于后期发展较快的深圳和广州（见图 9 – 14）。

北京的社会融资规模增量测评值在 2017 年的负增长率高至 38.6%，达到最小值，低于同年的上海和深圳（见表 9 – 7），由此推测北京的金融支持

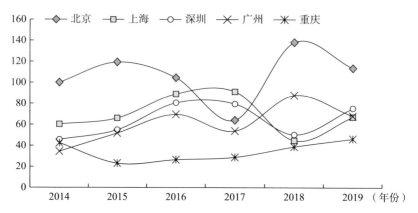

图 9 – 13　2014~2019 年五大城市社会融资规模增量测评值横向比较

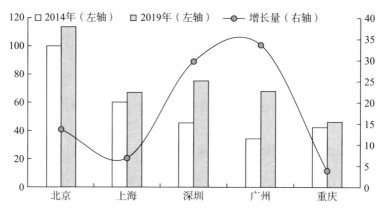

图 9 – 14　五大城市社会融资规模增量测评值 2014 年与 2019 年增长变动对比

力度指数在 2017 年达到极小值可能是由于社会融资规模增量的骤减，再加上北京的金融支持力度和社会融资规模增量走势相似，极大值点和极小值点出现年份相同，由此可以说明社会融资规模增量是影响北京金融支持力度变化的重要因素。

表 9 – 7　2015~2019 年五大城市社会融资规模增量测评值增长率变化

单位：%

城市	2015 年	2016 年	2017 年	2018 年	2019 年
北京	19.35	-12.51	-38.60	115.43	-17.74
上海	9.61	34.79	2.46	-50.93	49.88

城市	2015 年	2016 年	2017 年	2018 年	2019 年
深圳	20.33	46.61	-1.17	-36.74	49.68
广州	50.28	34.40	-22.69	63.06	-22.41
重庆	-45.74	14.83	9.06	34.45	19.39

（二）新增贷款处于较低水平

北京的新增贷款测评值在五个城市中处于较低水平，且呈现一定的波动性。北京的新增贷款测评值在2014～2015年有一定幅度下降，2015年达到最小值，之后先是在2015～2017年平稳上升，后在2017～2018年有较大幅度上升，2018年达到最大值，之后在2019年有所回落（见图9-15）。因此金融支持力度指数在2019年有所回落也与新增贷款在2019年的下降有一定关联。深圳整体表现为倒"U"形增长趋势，在2015年、2016年的增长率分别高达40.62%和86.68%（见表9-8），由此2016年达到的最大值超越了同年的其他四个城市，之后开始出现一定程度的回落。广州的新增贷款除了在2019年有小幅下降之外，其他年份均表现为正增长，且在2019年成为五个城市中新增贷款最多的城市。上海整体也表现为倒"U"形增长趋势，但与深圳的不同之处在于上海在2017年达到最大值。

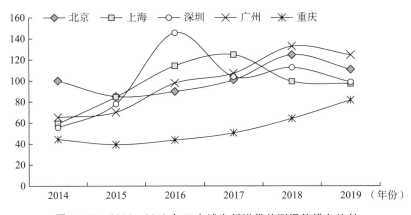

图 9-15　2014～2019 年五大城市新增贷款测评值横向比较

表 9 – 8　2015～2019 年五大城市新增贷款测评值增长率变化

单位：%

城市	2015 年	2016 年	2017 年	2018 年	2019 年
北京	– 14.92	5.52	12.30	23.63	– 11.12
上海	42.53	35.12	9.18	– 20.32	– 2.21
深圳	40.62	86.68	– 28.57	8.34	– 12.31
广州	7.44	39.40	9.68	23.78	– 6.17
重庆	– 11.15	10.93	15.54	26.98	27.10

2014～2019 年重庆的新增贷款测评值在五个城市中一直最小，值得注意的是，在 2019 年其他四个城市的新增贷款都减少的情况下重庆却开始有较大幅度上升，增长率为 27.10%（见表 9 – 8）。2019 年各城市的新增贷款测评值与 2014 年相比，北京的增长量最小，广州的增长量最大，广州的增长量几乎接近北京增长量的 6 倍（见图 9 – 16），由此可推知北京的新增贷款对金融支持的力度并不明显。

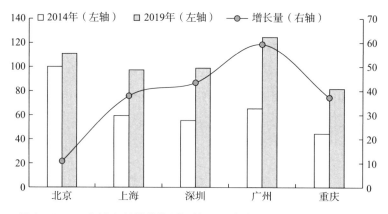

图 9 – 16　五大城市新增贷款测评值 2014 年与 2019 年增长变动对比

（三）新增债券融资趋于稳定

北京的新增债券融资测评值相较其他城市处于绝对优势的地位，前几年波动较大，近两年开始趋于稳定。北京的新增债券融资测评值在 2015 年大幅上升，在 2016 年大幅下降，在 2017 年和 2018 年持续较大幅度上升，最后在 2019 年基本稳定。无论北京的新增债券融资如何变化，相对其他城市来说始终遥遥领先，因此规模巨大的新增债券融资应是北京金融支持力度大于其他城市的重要支撑。深圳和上海的变动趋势相似，差异在于 2014～2017 年上海的新增债券融资测评值一直高于深圳，值得注意的是 2018 年和 2019 年深圳和上海的新增债券融资测评值几乎无差别。广州以 2016 年为节点，2016 年之前一路上升，2016 年之后平稳下降至几近稳定。重庆的新增债券融资从整体上看呈现下降趋势，2019 年新增债券融资测评值仅为 4.49（见图 9－17、表 9－9）。

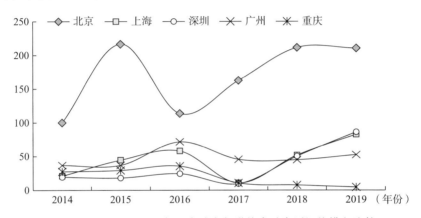

图 9－17　2014～2019 年五大城市新增债券融资测评值横向比较

表 9－9　2015～2019 年五大城市新增债券融资测评值增长率变化

单位：%

城市	2015 年	2016 年	2017 年	2018 年	2019 年
北京	116.47	－47.52	42.97	30.06	－0.45
上海	112.41	30.09	－81.69	388.11	59.88
深圳	－6.16	34.49	－60.89	425.81	72.20
广州	0.49	94.01	－36.40	－1.47	16.74
重庆	7.39	21.27	－70.35	－28.53	－40.45

　　与 2014 年相比，2019 年北京新增债券融资测评值的增长量最大，重庆的增长量为负数，北京的增长量是广州增长量的 7 倍左右（见图 9－18）。这再次印证了北京新增债券融资在金融支持力度方面的支撑性作用。

（四）新增股票融资具有不稳定性

　　北京的新增股票融资测评值波动较大，且近几年没有表现出突出优势。

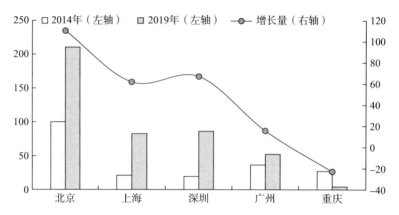

图9-18　五大城市新增债券融资测评值2014年与2019年增长变动对比

五个城市的新增股票融资在经历一番波动之后，均在2019年处于相对较低的水平。北京的新增股票融资测评值在2014～2016年呈现持续上升的趋势，且一直高于其他四个城市，2016年达到最大值，2016～2018年一直大幅下降，2018年达到最小值，之后在2019年出现了一定程度的回升。深圳在2014～2016年呈现持续上升的趋势，之后大幅下降至2017年的极小值，再经过小幅波动回落到2019年的较低水平。上海也是在2014～2017年大幅上升之后开始在2018年大幅下降，之后在2019年小幅回升。广州整体呈现倒"U"形趋势，最大值出现在2016年。重庆处于绝对劣势地位，新增股票融资测评值一直位于其他四个城市之下（见图9-19、表9-10）。

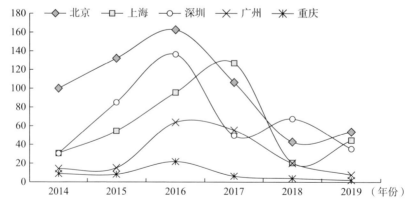

图9-19　2014～2019年五大城市新增股票融资测评值横向比较

表 9 - 10　2015～2019 年五大城市新增股票融资测评值增长率变化

单位：%

城市	2015 年	2016 年	2017 年	2018 年	2019 年
北京	32.18	23.01	- 34.58	- 59.64	25.46
上海	76.62	75.36	32.93	- 83.74	116.56
深圳	177.71	60.34	- 63.65	36.24	- 47.29
广州	6.48	321.56	- 13.16	- 63.52	- 61.52
重庆	- 7.55	166.14	- 71.08	- 36.87	- 47.12

与 2014 年相比，2019 年北京、广州和重庆的新增股票融资测评值的增长量均为负数，可见这三个城市新增股票融资对于金融支持力度的影响是反向的（见图 9 - 20）。

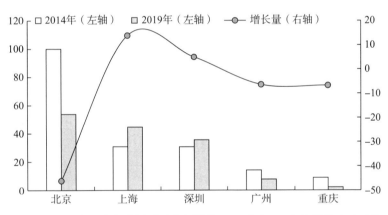

图 9 - 20　五大城市新增股票融资测评值 2014 年与 2019 年增长变动对比

三　北京金融可持续性指数保持领先

金融可持续性指数可以通过各项贷款余额/各项存款余额、各项贷款余额/GDP、金融业增加值和不良贷款率四个指标来反映。以 2014 年为基期，五个城市的金融可持续性总体呈现上升趋势。相比 2014 年，五个城市 2019 年金融可持续性都有不同程度的增长，上海增长最多，增长了 27.45，增幅达 33.7%。2017～2019 年北京和上海两个城市的金融可持续性一直处于领先地位，重庆市的金融可持续性较差，连续四年排名最后。深圳市在 2016

年的金融可持续性出现一次跳跃性增长，指数数值破百，占据当年第一的位置，除此之外广州、深圳、重庆三个城市在各个年份的指数数值都小于100（见图9-21、图9-22），说明重庆、广州、深圳三个城市历年的金融可持续性都较弱。

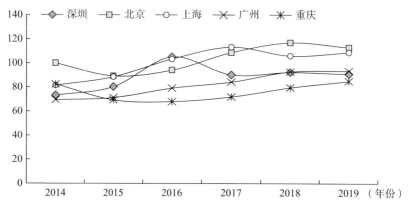

图9-21　2014～2019年五大城市金融可持续性指数横向比较

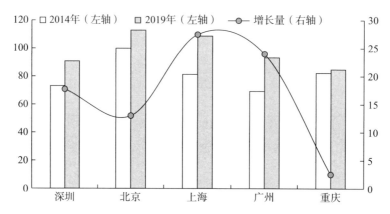

图9-22　五大城市金融可持续性指数2014年与2019年增长变化对比

（一）各项贷款余额/各项存款余额小幅降低

就五个城市的各项贷款余额/各项存款余额而言，重庆市的测评值最大，广州市次之，北京市最小，说明在此指标下，重庆市的金融可持续性连续六年处于优势地位，北京市的金融可持续性不够乐观。2014～2019年，北京市的各项贷款余额/各项存款余额测评值呈下降趋势，且下降幅度较大；上海市 2014~2015 年此指标出现大幅度下降，随后缓慢回升，但 2019 年仍小于 2014 年，总体呈下降趋势；重庆、广州、深圳三个城市的测评值不同程度的上升（见图 9-23、图 9-24）。这说明相对于存款余额，北京、上海两个城市的贷款余额呈下降趋势，其余三个城市呈上升趋势，而贷款的相对增加使重庆、广州、深圳三个城市此指标下的金融可持续性不同程度的增强。

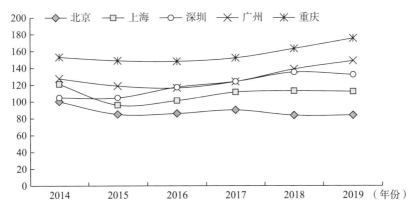

图 9-23　2014~2019 年五大城市各项贷款余额/各项存款余额测评值横向比较

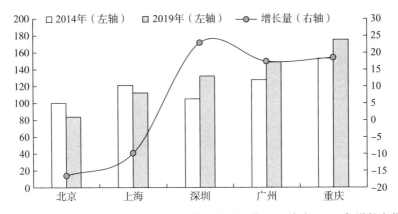

图 9-24　五大城市各项贷款余额/各项存款余额测评值 2014 年与 2019 年增长变化对比

（二）各项贷款余额/GDP 较平稳下降

就各项贷款余额/GDP 而言，重庆和上海两个城市测评值总体较低，但由于此指标为反向指标，所以这两个城市此指标下的金融可持续性处于优势地位；北京市的测评值处于五个城市的中间位置；深圳市、广州市测评值较高，金融可持续性较低。2014～2019年，只有北京市的各项贷款余额/GDP测评值实现负增长，剩余四个城市的测评值都不同程度的上升，说明北京市此指标下的金融可持续性在增强，但2019年的指数数值仍然大于上海市，可持续性仍有待提高。深圳市在2016年的测评值出现一次跳跃式增长，说明当年深圳市贷款出现一次猛增，使当年深圳此指标的排名以绝对优势位列第一，但随后指数又经历了骤降，2019年恢复到2014年的水平。广州市的测评值处于持续增长之中，此指标下的金融可持续性不断降低（见图9－25、图9－26）。

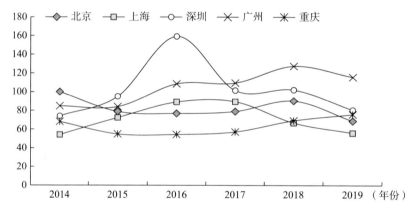

图9－25　2014～2019年五大城市各项贷款余额/GDP测评值横向比较

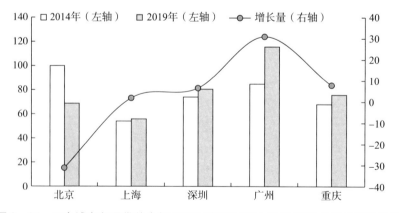

图9－26　五大城市各项贷款余额/GDP测评值2014年与2019年增长变动对比

（三）金融业增加值持续高速增长

就金融业增加值测评值而言，北京和上海一直处于领先地位，五个城市的金融业增加值测评值基本都处于持续增长中，北京、上海增长较快，深圳次之，重庆、广州增长缓慢（见图 9 – 27）。在此指标下，北京和上海两个城市体现出较强的金融可持续性，深圳市的可持续性一般，其余两个城市可持续性较差。2014 ~ 2019 年，北京和上海的测评值增长量较大，两个城市 2019 年的金融业增加值增长量分别为 21 和 22，远远高于剩余三个城市的测评值增长量（见图 9 – 28），说明在此指标下，五个城市的金融可持续性都处于增长状态，北京和上海两个城市的金融可持续性不仅处于优势地位，而且处于高速增长中。

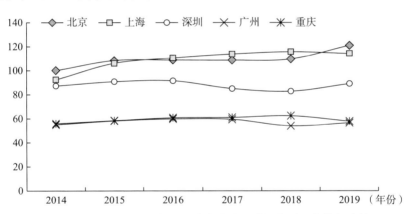

图 9 – 27　2014 ~ 2019 年五大城市金融业增加值测评值横向比较

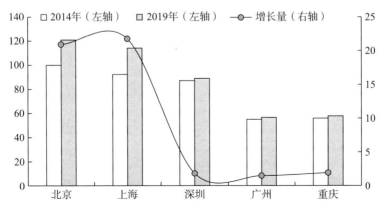

图 9 – 28　五大城市金融业增加值测评值 2014 年与 2019 年增长变动对比

（四）不良贷款率占绝对优势

就不良贷款率而言，依旧是北京和上海两个城市的测评值较低，但由于此指标也为反向指标，所以北京市和上海市在此指标下的金融可持续性处于优势地位。除 2014 年外，北京历年的不良贷款率都大幅度低于同期其他四个城市，说明在此指标下北京的金融可持续性最强。2014～2019 年，除广州外的四个城市的不良贷款率都不同程度的升高，其中重庆市在 2014～2016 年不良贷款率骤增，随后小幅度下降，总体大规模上升，测评值增加了 140.4；广州市的不良贷款率虽然处于下降趋势，但由于起点过高，在大幅度下降之后仍然远超北京，其金融可持续性仍有待提高（见图 9 - 29、图 9 - 30）。

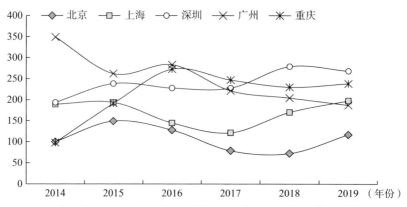

图 9 - 29　2014～2019 年五大城市不良贷款率测评值横向比较

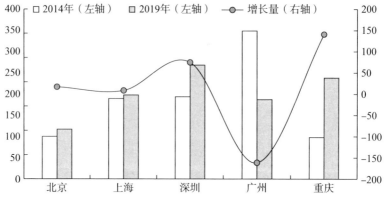

图 9 - 30　五大城市不良贷款率测评值 2014 年与 2019 年增长变动对比

四　北京金融支持效度指数居于中位

金融支持效度可以通过金融业增加值/GDP、人均新增贷款、企业存款/各项存款余额、技术合同成交额/新增贷款四个指标来反映。以2014年为基期，广州和深圳两个城市的金融支持效度指数明显提升，北京和上海两个城市的金融支持效度平稳发展，重庆市的金融支持效度小幅度下降。2014年北京市的金融支持效度指数排名第一，此后的五年中，北京市都处于第2~3名的位置；深圳、广州两个城市的指数变化较大，且在五个城市中的排名不太稳定；重庆市的金融支持效度一直处于相对劣势的地位（见图9-31、图9-32）。

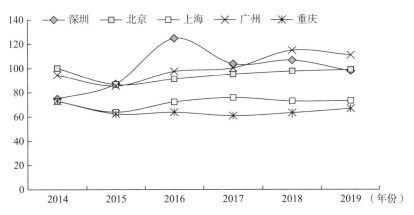

图9-31　2014~2019年五大城市金融支持效度指数横向比较

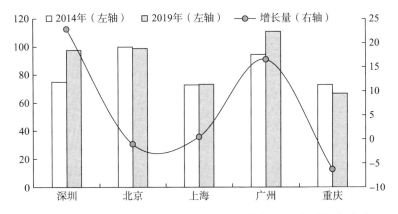

图9-32　五大城市金融支持效度指数2014年与2019年增长变动对比

（一）金融业增加值/GDP 持续领先

就金融业增加值/GDP 而言，北京和上海两个城市的测评值处于持续领先地位，2015 年以后的测评值都大于基期，深圳市的测评值排在第三位，重庆和广州两个城市的测评值较低，稳定在 60 左右。2014～2019 年，北京和上海两个城市的金融业增加值/GDP 有较大幅度增长，测评值增长量在 20 左右，剩余三个城市的测评值都较为平稳，增长量较小（见图 9-33、图 9-34）。但由于此指标为反向指标，根据以上分析可以得出，在金融业增加值/GDP 这个指标下，北京和上海两个城市的金融支持效度较弱，深圳次之，重庆和广州较强。

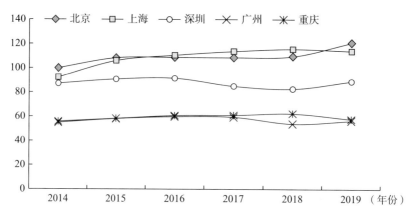

图 9-33 2014～2019 年五大城市金融业增加值/GDP 测评值横向比较

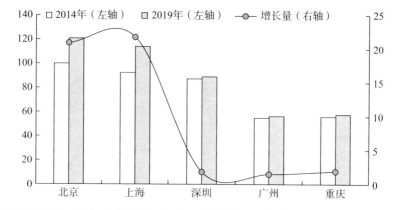

图 9-34 五大城市金融业增加值/GDP 测评值 2014 年与 2019 年增长变动对比

（二）人均新增贷款平稳发展

就人均新增贷款而言，2014～2017 年深圳市的测评值一直处于领先地位且变化起伏较大，与各项贷款余额/GDP 一样，人均新增贷款在 2016 年骤增，测评值达到 266.73，随后又经历了骤降；2014～2017 年广州市一直排名前二，始终保持较大幅度的增长；北京和上海两个城市排名位于中间位置，且北京变化幅度最小；重庆六年持续位列第五，并缓慢平稳增长。2014～2019 年，广州和深圳两个城市的人均新增贷款有较大幅度增长，上海和重庆两个城市的增长幅度次之，北京市的增长幅度最小，仅为 9.57（见图 9－35、图 9－36）。由以上分析可知，在此指标下，深圳和广州的金融支持效度较强，北京和上海两市次之，重庆市较差。

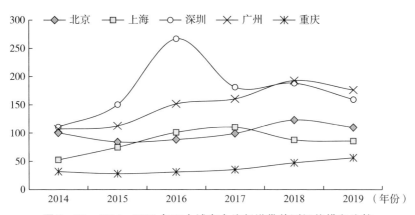

图 9－35　2014～2019 年五大城市人均新增贷款测评值横向比较

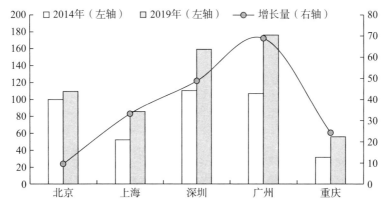

图 9－36　五大城市人均新增贷款测评值 2014 年与 2019 年增长变动对比

（三）企业存款/各项存款余额整体下降

就企业存款/各项存款余额而言，2014～2015年，除深圳外四个城市的测评值出现了大幅度下降，随后平稳发展，但总体都有不同程度的下降，深圳市的企业存款/各项存款余额测评值一直处于平稳增长中，北京市没有表现出明显优势。2014～2019年，除深圳外四个城市任意年份的测评值都小于基期，说明企业存款/各项存款余额整体处于下降趋势，深圳市的测评值虽然在增长，但由于起点过低，在经过五年的增长后仍不到80（见图9-37、图9-38）。由以上分析可知，在此指标下五个城市整体的金融支持效度不如基期，2015年以后，上海和深圳两个城市的金融支持效度处于优势地位，北京位处中间，广州市和重庆市的金融支持效度相对较差。

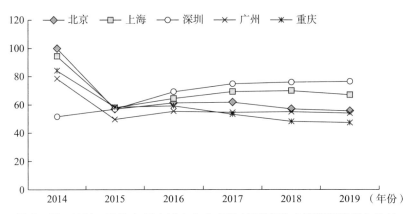

图9-37 2014～2019年五大城市企业存款/各项存款余额测评值横向比较

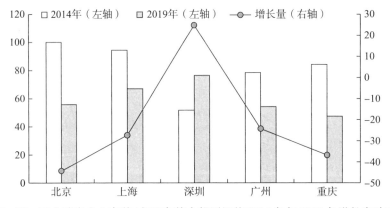

图9-38 五大城市企业存款/各项存款余额测评值2014年与2019年增长变动对比

（四）技术合同成交额/新增贷款遥遥领先

就技术合同成交额/新增贷款而言，北京持续处于绝对优势地位，历年测评值远大于同期其他四个城市，上海市排名第二，但与北京的差距很大。2014～2019年，北京的技术合同成交额/新增贷款测评值在既有的优势上大幅度增长，2019年比基期增长了63.9%；上海、广州、深圳三个城市的测评值虽然也处于增长趋势，但增长幅度不大，远小于北京市；重庆市的技术合同成交额/新增贷款测评值在2014年排名第四，五年间更是处于波动下降趋势，排名基本处于五个城市的最后（见图9－39、图9－40）。由此可以看出，此指标下北京的金融支持效度以绝对的优势领先于其他四个城市，

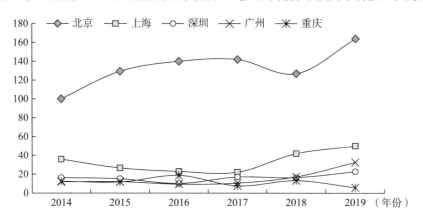

图9－39　2014～2019年五大城市技术合同成交额/新增贷款测评值横向比较

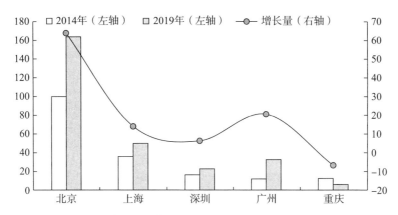

图9－40　五大城市技术合同成交额/新增贷款测评值2014年与2019年增长变动对比

上海虽远不及北京但稳居第二，其余三个城市的金融支持效度不够乐观。

五　北京优势识别

综合来看，北京市的金融支持分项指数处于绝对优势地位，在五个城市中连续六年排名第一，金融实力雄厚，金融支持力度强劲，金融可持续性占优，金融支持效度平稳发展。

北京的金融实力具有突出优势，在五大城市中一直排名第一，且处于稳步提高的状态。2014～2019年北京的金融实力指数增长了66.7，远超其他城市，增幅几乎为重庆增幅的6倍。具体来说，金融实力下的各项三级指标也都遥遥领先于其他四个城市。各项存款余额一直高于其他城市，且一直处于上升趋势，非金融企业和住户存款保持较快增长，是拉动人民币存款增长的主要部分；金融运行整体平稳，金融资产规模一直维持在较高水平，且持续呈现扩大趋势；金融机构法人数相对其他城市有绝对优势，近两年趋于稳定；上市公司数相对其他城市处于较高水平，且一直维持稳定的增长趋势，这也解释了北京金融实力的突出表现。由各三级指标分析可知，北京金融实力的增强主要缘于各项存款余额的增长和金融机构法人数的支撑。

北京的金融支持力度一直维持在较高水平，一直位于五大城市之首，相较其他城市处于优势地位，但也存在波动和不稳定性。具体而言，社会融资规模增量整体处于较高水平，2019年北京地区社会融资规模增加1.46万亿元，但具有较强不稳定性。北京的新增债券融资相较其他城市处于绝对优势的地位，前几年波动较大，近两年开始趋于稳定。北京的金融支持力度和社会融资规模增量走势相似，极大值点和极小值点出现的年份相同，由此可以说明社会融资规模是影响北京金融支持力度变化的重要因素。无论北京的新增债券融资如何变化，相对其他城市来说始终遥遥领先，因此规模巨大的新增债券融资应是北京金融支持力度高于其他城市的重要支撑。

北京市的金融可持续性在五个城市中处于优势地位。2014年、2015年、2018年、2019年北京的金融可持续性都处于第一的位置，2016年和2017年分别排第三、第二名，出现较小波动。具体而言，北京市的不良贷款率除 2014 年外，其他年份都大幅度低于同期其他四个城市，且五年间增长幅度较小；金融业增加值一直稳居第二，仅次于上海，但与同期的上海相比差别不大，2019 年较 2014 年的增长量也与上海基本持平；对各项贷款余额/GDP而言，五个城市的排名都不太稳定，对比 2014 年，北京市是唯一一个测评值下降的城市，说明其金融可持续性在提高；北京市在各项贷款余额/各项存款余额上不占优势，一直处于第五的位置。由以上对三级指标的分析可知，北京市的金融可持续性主要由不良贷款率和金融业增加值来支撑。北京不良贷款率大幅度低于其他城市，提升了其金融可持续性优势，金融业增加值也为其金融可持续性优势提供了重要支持。

北京市的金融支持效度总体而言没有达到绝对优势的程度，但发展最为平稳。2014 年北京市的金融支持效度处于第一的位置，2015～2019 年排名一直处于中间位置，三年排名第三，两年排名第二。具体而言，北京市的技术合同成交额/新增贷款持续处于绝对优势地位，历年指数远大于同期其他四个城市，为金融支持效度做出了巨大贡献；就人均新增贷款和企业存款/各项存款余额两个指标而言，北京市都处于中间位置，但北京的人均新增贷款变化最小，发展最为平稳；北京的金融业增加值/GDP 指标处于优势地位，但在金融支持效度下，此指标为反向指标，北京市在此指标下的排名普遍靠后，处于第四或第五的位置。由此分析可知，由于人均新增贷款、企业存款/各项存款余额和金融业增加值/GDP 三个指标都不占优势，而技术合同成交额/新增贷款所带来的优势没能弥补三个指标带来的不足，导致北京市在金融支持效度下的排名一直位于第二或第三，没有体现出明显的优势。

第十章
经济成效横向比较及北京优势识别

经济成效既可以反映经济体的增长速度与增长质量，也可以反映居民的生活水平与生活环境，因此其在衡量城市发展过程中发挥重要作用。本章用经济成效分项指数来衡量各城市的经济产出情况，以此研究北京市财政和金融发展中城市的经济产出变化。本章在分析和总结北京经济成效分项指数的变化时，选取了广州、上海、重庆和深圳四大城市，通过分析比较这五个城市在增长数量、增长质量、动能升级和对外开放四个指标方面的趋势变动和增长变动，得出北京市在经济成效方面具有以下优势：第一，北京市全面提升经济高质量发展要求，人均可支配收入持续上涨，PM2.5浓度明显下降，居民生活水平和生态环境质量明显提升；第二，北京市动能升级成效显著，高质量发展稳步推进，新增发明专利授权数量一直位列全国首位，战略新兴产业增加值在2019年位居五大城市之首；第三，北京市经济运行总体平稳，经济规模不断扩大，第三产业发展水平居全国前列。通过分析比较可以更好地了解北京快速发展的原因，并为将来北京进一步加快推动经济成效提供经验。

一　北京增长数量指数跃居第一

在增长数量指数方面，深圳稳居第一，北京、上海稳定增长，广州和重庆略有波动（见图10-1）。深圳在2014~2019年一直位居第一，且保持总体平稳、稳中有进的发展态势，仅2018年略有下降。北京、广州、上海紧随其后，排名均非常相近。2014~2016年，广州排名第二，但到2017年，广州下降至第四位，在5年间增长数量指数总体略有增长但波动较大。北京在2014~2016年排名第三，2017年起升至第二位，且与第一名深圳的差距逐年缩小。北京快速发展的主要动力来自近几年服务业开创了新技术新模式、科技创新集聚经济快速发展。上海与北京的增长趋势几乎一致，一开始位居第四，2017 年升至第三名。重庆则与其他四个城市差距较大，一直排名第五，2014～2015 年保持小幅度增长，2016 年起开始下降，并于2018 年到达最低点，然后反弹开始继续增长。

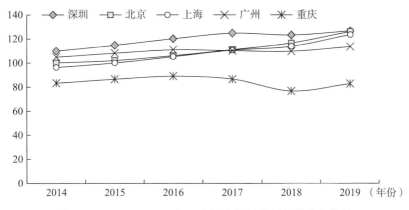

图 10 - 1　2014～2019 年五大城市增长数量指数横向比较

在二级指标增长数量 2019 年相比 2014 年的增长变动中，上海和北京增长最多，处于第一梯队（见图 10 - 2）。2014～2019 年，上海增长数量指数增长最快，增长量为 28.45；北京增长量为 26.21，略低于上海，位列第二，每年增长率平稳快速增长；深圳和广州分别排名第三和第四，2019 年相比

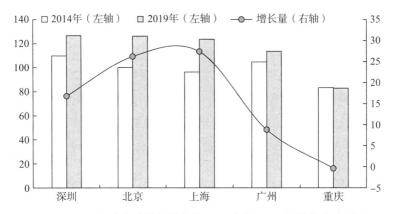

图 10 - 2　五大城市增长数量指数 2014 年与 2019 年增长变动对比

2014 年增长率分别为 15.28% 和 8.41%，增长数量变化波动较小；重庆 2019 年相对 2014 年增长数量为负增长，2018 年增长率最低，达到 -11.38%（见表 10-1）。重庆近两年产业进入发展动能转换的接续关键期，传统制造业产销下滑，面临技术升级转型的转折点，而新兴产业尚处于萌芽阶段，规模尚小，因此重庆增长数量不增反降。

表 10-1   2015～2019 年五大城市增长数量指数增长率变化

单位：%

城市	2015 年	2016 年	2017 年	2018 年	2019 年
深圳	4.34	4.77	3.83	-1.16	2.77
北京	1.96	3.96	4.70	5.05	8.25
上海	3.85	5.22	5.15	2.95	8.60
广州	3.10	2.59	-0.66	-0.38	3.56
重庆	3.91	2.87	-2.71	-11.38	7.99

资料来源：依据财经指数模型数据计算。

（一）GDP 持续稳定上升

2014～2019 年，5 个城市的 GDP 测评值均呈现持续稳定上涨的趋势（见图 10-3）。其中，上海 5 年来一直位于首位，北京紧随其后排名第二，两个城市处于第一梯队，这也是上海、北京增长数量指数持续稳定增长的原因之一。深圳、广州、重庆处于第二梯队，2014～2015 年广州排名第三，略高于深圳，而重庆排名第五，与深圳、广州 GDP 水平有一定差距；而自 2016 年起，深圳反超广州排名第三，主要原因是深圳市 2016 年和 2017 年 GDP 的增幅都稳定在 12% 左右，而广州 GDP 增幅自 2017 年起逐渐减小，2019 年的增长率仅为 3.37%。广州近几年抓住粤港澳大湾区建设的重大机遇，实施创新驱动发展战略，将发展重点逐渐转为优化产业结构。2019 年，重庆市 GDP 测评值与广州市几乎相等，推动重庆增长数量指数在 2018～2019 年反弹上升。而这主要归功于 2019 年全年重庆主要支柱产业接续发力，汽车产业加速转型，战略新兴制造业贡献加大。

2014～2019 年，5 个城市的 GDP 测评值有较大幅度的增长，其中上海、

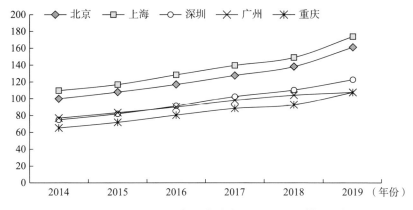

图 10 - 3 2014 ~ 2019 年五大城市 GDP 测评值横向比较

北京两个城市增长幅度最大，广州增幅最小（见图 10 - 4）。北京 2019 年 GDP 测评值相对 2014 年增加 61.19，上海增加 64.2，位列增长幅度前二，而这正是支持北京和上海两个城市在增长数量指数中成为增长幅度前两位的原因之一。北京和上海 GDP 的快速增长，主要来自产业结构优化后高新技术产业、现代服务业等行业的快速发展。2014 ~ 2019 年深圳 GDP 测评值增长量为 47.74，增长率达到 63.7%，遥遥领先其他城市，使深圳成为增长数量指数排名第一的城市。重庆 5 年来 GDP 测评值增加了 42.3，其发展动力主要来自主要支柱产业接续发力，高技术制造业、战略新兴制造业贡献加大。广州 2019 年相比 2014 年仅增长了 30.68，增长率仅为 39.84%，位居五个城市末尾，使其增长数量指数波动较大且增长幅度较小。

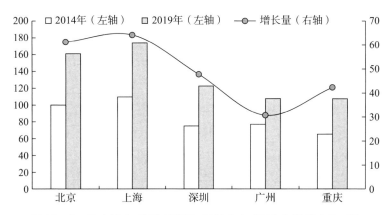

图 10 - 4 五大城市 GDP 测评值 2014 年与 2019 年增长变动对比

（二）第三产业占比总体平稳增长

五个城市的第三产业占比发展趋势相近，且都保持总体平稳、稳中有进的趋势。北京在5年中一直位居第一，遥遥领先其他城市（见图10-5），进而推动北京增长数量指标稳定快速上升。这都归功于北京近几年产业转型升级持续推进，供给侧结构性改革成效显著。第三产业发挥了支柱作用，金融、信息服务、科技服务等优势行业持续发挥带动作用，高技术服务业和现代服务业快速增长。上海和广州第三产业占比的发展轨迹几乎重合，2017～2019年广州占比略高于上海，缘于广州近几年抓住粤港澳大湾区建设的重大机遇，深入实施创新驱动发展战略，第三产业主导优势进一步扩大。深圳位列第四，第三产业占比较为稳定，处于缓慢增长的阶段，这也导致了深圳增长数量指数在2017年之后略有下降，且增长数量低于上海和北京两市。重庆则保持稳定持续增长态势，在五大城市中排名末尾，制造业仍和第三产业共同为其主要发展产业。

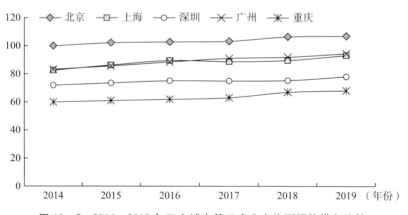

图10-5 2014～2019年五大城市第三产业占比测评值横向比较

在第三产业占比2014～2019年增长变动中，5个城市增长幅度差距较大，上海、广州处于第一梯队，增长数值较高（见图10-6）。排名第一的广州第三产业占比测评值增加了11.26，增长率达到13.53%，广州推进先进制造业与现代服务业深度融合发展，现代服务业成为其生产总值增长的主要贡献力量；而上海以10.64的变动量和12.9%的增长率排名第二，其金融业、信息服务业、文化创意产业等现代服务业保持快速发展势头。北京、深圳、重庆增长量较少，但都呈现持续增长的态势。重庆增长量为8.2，但增长率达到 13.67%，其互联网、云计算、大数据等生产性新兴服务业正加快培育。而北京仅增加了 7.05，对其增长数量指标增长的贡献较小。由于北京第三产业早已成为支柱性产业，现在发展的重点已逐渐由产业结构优化转为第三产业内部产业转型升级，因此第三产业占比增长较少但高技术服务业占比逐年快速增长。深圳增长量为 6.15，增长最少，导致其增长数量小幅度波动下降。

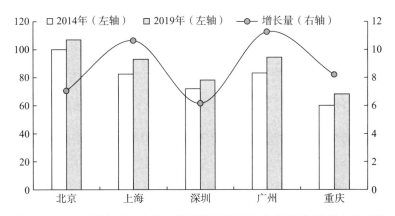

图 10 - 6　五大城市第三产业占比测评值 2014 年与 2019 年增长变动对比

（三）GDP 增长率逐年下降略有波动

各城市的 GDP 增长率均呈现持续放缓的趋势，2017 年之后下降幅度较大（见图 10 - 7）。重庆在 2014～2017 年中一直处于 GDP 增长率测评值第一位，但在 2017～2018 年有一个大幅度的跳水式下降。受国内外宏观环境影响，重庆市经济增速放缓，但经济发展方式转变稳步推进，产业进入发展动能转换的接续关键期，2019 年产业转型颇有成效，GDP 增长率有小幅增长。深圳在前四年 GDP 增长率测评值增速较为稳定，自 2017 年开始有所下降但降速平稳，在 2018 年排名由第二名上升至第一名。广州 GDP 增长率测评值自 2016 年开始降速增加，但 2018～2019 年 GDP 增长率却有一个小幅增长，主要归因于粤港澳大湾区的建设及"腾笼换鸟"等政策的实施。上海和北京发展趋势相近，均在第四、第五名徘徊，GDP 增长率测评值呈现稳定小幅下降的态势，两个城市近几年逐渐将其经济发展重心从促进经济快速增长转变为以供给侧结构性改革为主线，放缓了 GDP 的增长速度，以高质量替代高增长。

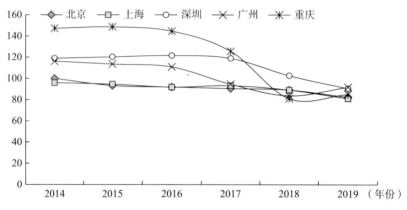

图 10 - 7　2014～2019 年五大城市 GDP 增长率测评值横向比较

各城市 2019 年 GDP 增长率测评值均比 2014 年有所下降，重庆下降幅度最大（见图 10 - 8）。2014～2019 年，重庆变动量达到 62.16，GDP 增长率测评值降低 42.2%，重庆近几年深入贯彻新发展理念，落实高质量发展要求，深化供给侧结构性改革，GDP 增长率测评值逐年下降速度加快。深圳市和广州市的变动量处于第二梯队，"腾笼换鸟"政策的实施使其发展重点转为产业结构优化。北京市和上海市的变动量较小，北京 GDP 增长率测评值降低 17.57%，上海降低 15.50%，两个城市以供给侧结构性改革为主线，放缓了 GDP 增长速度，以高质量替代高增长，使 GDP 增长率对二级指

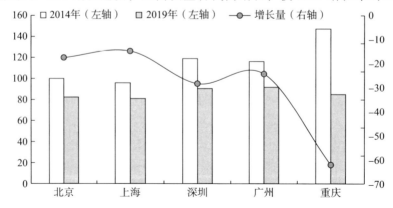

图 10 - 8　五大城市 GDP 增长率测评值 2014 年与 2019 年增长变动对比

标增长数量的贡献较小。

（四）人均 GDP 稳步增长

2014～2019 年，5 个城市的人均 GDP 测评值表现出上升的趋势，其中北京和上海的增长幅度最大，其他三个城市均为小幅度持续增长（见图 10－9）。深圳人均 GDP 测评值稳定处于第一位，每年增长率稳定，体现出深圳快速增长的生产总值以及居民日益提高的生活水平和消费水平，由此支撑深圳二级指标增长数量指数在 5 个城市中位居第一。广州人均 GDP 测评值处于前列，于 2017 年往后增速逐渐放缓，使增长数量指数在 2017～2019 年产生较小的波动。北京和上海差距不大，2014～2018 年保持匀速增长，2019 年的增速有所上升，这是因为人均收入的增加刺激消费，进而促进新兴消费热点持续涌现、消费结构不断升级，从而使增长数量持续增长。重庆与其他城市差距较大，每年增长速度大致稳定，反映出重庆稳定的经济发展水平以及随之逐年增长的人民消费数额。

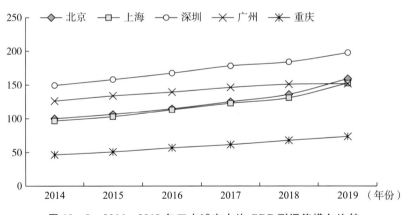

图 10－9 2014～2019 年五大城市人均 GDP 测评值横向比较

人均 GDP 测评值 2014～2019 年各城市均有所上升，北京、上海、深圳增长幅度处于第一梯队，广州和重庆增长量相对较少（见图 10－10）。北京增长量为 59.43，增长率达到 59.43%，居第一位。北京居民收入稳步增加，生活水平逐年提高，服务性消费增势良好，刺激经济进一步发展，增长数量指数稳定增加。上海增长值为 56.25，增长幅度较大，速度稳定。深圳增长变动量达 48.42，但增长率仅为 32.41%，这也使深圳增长数量指数增长变动量有限。广州和重庆增长变动量位于第二梯队，分别为 25.75 和 27.20，但重庆市的增长率达到 58.47%，表明重庆市产业转型成效颇为显著，人均收入增长明显。

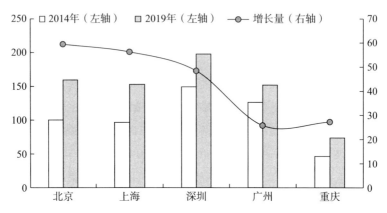

图 10－10　五大城市人均 GDP 测评值 2014 年与 2019 年增长变动对比

二　北京增长质量指数排名稳定

在增长质量指数方面，5 个城市均保持持续上涨的趋势，排名稳定（见图 10－11）。深圳在这 5 年中一直保持第一名的位置，遥遥领先其他四个城市，除 2017 年增速略有放缓之外，其他四年增长幅度均较大，年均增长率约为 8%。广州位列第二名，2017～2019 年增长质量指数略有波动，增速放

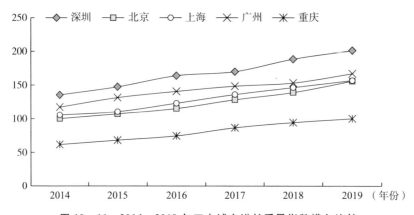

图 10－11　2014～2019 年五大城市增长质量指数横向比较

缓。上海和北京变动规模不相上下，略低于广州，分别排名第三和第四，2019 年北京和上海增长质量指数已逐渐追上排名第二的广州，两市的供给侧结构性改革效果进一步显现，经济发展质量持续提升。重庆增长质量发展较其他城市略有落后，经济发展重点仍集中于 GDP 高速增长，高质量发展仍处于初期阶段。

5 个城市的增长质量指数在 5 年中都获得较大增长，北京增长质量指数由 2014 年的 100，上升到 2019 年的 155.75，增长 55.75%，位居五大城市之首。这主要归因于北京全面对标经济高质量发展要求，扎实推进疏功能、稳增长、促改革、调结构、惠民生、防风险各项工作，推动经济加快转型。深圳增长量达到 65.71，变动量排名第一。上海和广州的增长量与前两名相差不大，上海增加了 51.36，广州增加了 49.58（见图 10－12）。上海的增长率从 2018 年开始有所放缓，广州的增长率 2017 年、2018 年下降较多，但 2019 年得到较大提升（见表 10－2）。而重庆的增长变动量则较低，仅增加了 38.38，缘于其仍位于经济高速发展阶段，产业结构优化处于实施初期，增长质量指数增长幅度不大。

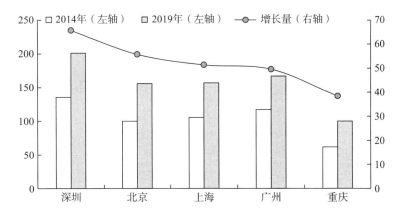

图 10－12　五大城市增长质量指数 2014 年与 2019 年增长变动对比

表 10－2　2015～2019 年五大城市增长质量指数增长率变化

单位：%

城市	2015 年	2016 年	2017 年	2018 年	2019 年
深圳	8.86	11.16	3.65	10.91	6.78
北京	7.09	7.56	11.30	8.41	12.07

续表

城市	2015 年	2016 年	2017 年	2018 年	2019 年
上海	4.78	11.39	10.43	7.70	7.14
广州	12.04	7.04	5.52	3.20	8.96
重庆	10.51	9.44	16.06	9.00	6.09

资料来源：依据财经指数模型数据计算。

（一）全员劳动生产率逐年增加但略有波动

五个城市的全员劳动生产率测评值总体呈现上升趋势，深圳增幅波动较大（见图 10-13）。2014～2016 年，广州一直处于首位，北京、深圳和上海紧随其后。自 2017 年后，深圳全员劳动生产率测评值发生较大幅度增长，跃升至第一位。北京和上海则一直保持稳定的涨幅，在 2019 年超过广州，分别升至第二位和第三位。这反映出北京和上海企业生产技术水平、职工技术熟练程度和劳动积极性逐年提高，推动劳动生产率的稳定上升，进而推动增长质量指标逐年上升。重庆与其他四个城市差距较大，2019 年劳动生产率仅达到 12.8 万元/人，劳动力要素的投入产出效率较低。

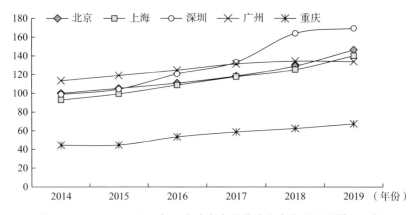

图 10-13 2014～2019 年五大城市全员劳动生产率测评值横向比较

2014～2019 年，五个城市的全员劳动生产率指标均有所增加，其中深圳涨幅最大，上海和北京紧随其后（见图 10-14）。深圳增长量达到 70.69，增长率高达 71.56%，快速增长的投入产出效率使深圳 5 年来增长质量稳居首位。北京和上海的劳动生产率增长变动量差距很小，分别为 46.47 和

47.33，位居第二梯队，工业生产增势稳定，其生产效率不断提升，以提效降耗来优化各产业生产结构，使增长质量指数稳定增长。广州和重庆增幅较小，处于第三梯队，全员劳动生产率增速较缓也导致了两市增长质量指数增速的降低，生产质量未得到优化。

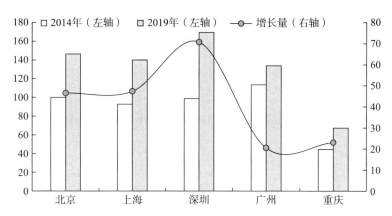

图 10 − 14　五大城市全员劳动生产率测评值 2014 年与 2019 年增长变动对比

（二）单位 GDP 能耗稳定下降

单位 GDP 能耗作为一个反向指标，各个城市均呈现持续下降的趋势（见图 10 − 15）。深圳单位 GDP 能耗测评值为五个城市最低，能源使用效率最高，经济发展质量较好，深圳增长质量指数也因此排名第一。北京单位 GDP 能耗仅次于深圳，能源利用效率较高，北京不断深化供给侧改革，近几年疏解整治的成效显著。广州和北京变动趋势相近，但广州的下降幅度较北京更为明显，其实施的"三去一降一补"政策取得积极成效。两市通过关停、退出能耗较多的一般制造业，工业生产的能源使用效率提高，单位能耗随之降低，进而推动两市增长质量指数的上升。上海单位 GDP 能耗较高，一定程度上限制了增长质量指数的数值，使其排名较为靠后。重庆单位 GDP 能耗远高于其他城市，但 5 年来下降幅度较大。重庆以第二产业为主，近几年逐渐向先进制造业转型升级。

2019 年单位 GDP 能耗测评值相比 2014 年 5 个城市均有所下降，重庆下降幅度最大（见图 10 − 16）。重庆 2019 年相比 2014 年测评值减少 78.57，主要制造产业向高技术制造业、战略新兴制造业等先进制造业转型升级，

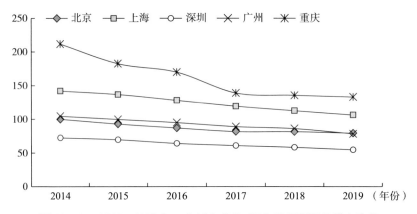

图 10 - 15　2014~2019 年五大城市单位 GDP 能耗测评值横向比较

对能源消耗需求量减少，能源使用效率越来越高。北京、上海、深圳和广
州四市的变化率相差不大，上海变化率为 25.15%，广州为 24.9%，深圳为
24.4%，北京则为 20.69%。这四个城市供给侧改革加快推进，以新兴产业
替代落后产能行业，加快淘汰"三高一低"落后产能行业，提效降耗促进
经济发展质量优化，推动各市增长质量指数持续增长。

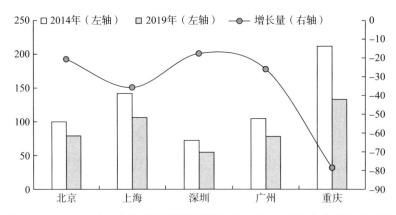

图 10 - 16　五大城市单位 GDP 能耗测评值 2014 年与 2019 年增长变动对比

（三）PM2.5 年均浓度持续降低且北京减幅最为明显

PM2.5 年均浓度同样也为反向指标，各城市总体趋势表现为持续下降，
深圳年均浓度最低，北京年均浓度最高但下降幅度最大（见图 10 - 17）。深圳
PM2.5 年均浓度测评值为五个城市最低，空气污染较轻，生态环境质量较高，

因此其增长质量较好。广州略高于深圳，2015 年下降幅度较大，2016 ~ 2018 年下降幅度开始减缓，使其增长质量也在这几年增速减缓。上海仅在 2014 ~ 2015 年有较小程度的上涨，2016 年开始呈现持续下降态势，这是由于其深入实施清洁空气行动计划。北京 PM2.5 年均浓度测评值位于五个城市之首，但经过 2014 ~ 2019 年的疏解整治手段，高排放高污染产业逐渐被取缔，用于环境保护的资金投入逐年增加，使其 PM2.5 年均浓度测评值持续大幅下降，到 2019 年减少至与其他四个城市基本持平，增长质量指数进一步提高，生态环境质量明显提升，生态环境保护制度更加完善，城市人居环境明显改善。重庆 PM2.5 年均浓度测评值略低于北京，下降趋势略有波动。

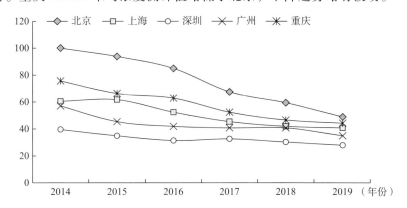

图 10 - 17 　2014 ~ 2019 年五大城市 PM2.5 年均浓度测评值横向比较

2014 ~ 2019 年，北京和重庆 PM2.5 年均浓度测评值降幅最大（见图 10 - 18）。北京 PM2.5 年均浓度测评值下降 51.11，降幅达到 51.11%，重庆测

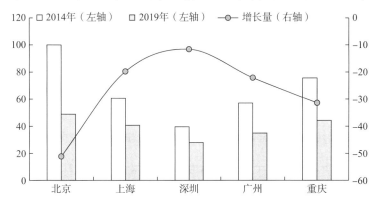

图 10 - 18 　五大城市 PM2.5 年均浓度测评值 2014 年与 2019 年增长变动对比

评值减少 31.43，经济发展与生态优先、绿色发展并重，提倡"绿水青山就是金山银山"，对环境治理的投资增加，空气优良天数、PM2.5 年均浓度等主要环境指标持续改善。PM2.5 年均浓度的降低促进了增长质量指数的增长，上海、广州分别降低 19.79 和 22.12，变动量较小但降幅较高；深圳下降最少，仅降低了 11.64，由于经济发展初期重化工业布局较少，主要支柱性产业以第三产业服务业为主，污染排放较少。

（四）人均可支配收入呈匀速增长趋势

五个城市人均可支配收入测评值均呈现匀速增长趋势，重庆与其他四个城市差距较大（见图 10－19）。每个城市的排名在 5 年间均保持稳定：上海位居第一；北京略低于上海排名第二，使上海增长质量指数也略高于北京。北京全市城乡居民收入增长总体稳定，人均可支配收入增长率与经济增长基本同步。广州和深圳紧随其后，依次排名第三和第四。这四个城市居民生活水平均较高，且每年人均可支配收入的增长率非常均衡稳定，从而可以刺激消费稳步增加，提高经济发展质量。而重庆人均可支配收入较低，2019 年仅达到 28920 元，经济发展水平仍有较高提升空间，增长质量指数也与其他四个城市相差较大。

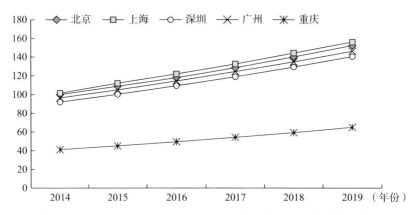

图 10－19　2014~2019 年五大城市人均可支配收入测评值横向比较

除重庆之外，其他四个城市的人均可支配收入测评值在 5 年间的增长量较大，增长量在 50 以上（见图 10－20）。北京、上海、深圳和广州四个城市的指标增长量为 50 左右，增幅较大，且居民收入增长水平持续高于经济

增长水平，居民生活水平较高，能够更好地促进和带动各个城市经济的高
质量发展，推动增长质量指数的提升。重庆的人均可支配收入测评值仅增
加 23.75，居民生活水平和消费能力有进一步提升的空间。

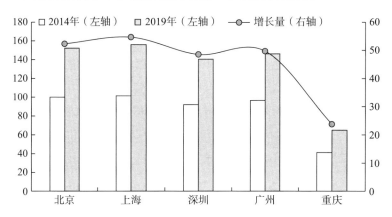

图 10-20　五大城市人均可支配收入测评值 2014 年与 2019 年增长变动对比

三　北京动能升级指数超越上海

五大城市的动能升级指数总体上表现出上升趋势，深圳市动能升级成
效显著（见图 10-21）。2014～2019 年，深圳市动能升级指数增长势头强
劲，且排名始终保持在五大城市首位，其动能升级指数已居于全国领先地
位，但仍然保持快速增长趋势，2019 年深圳市动能升级指数为 318.17，为

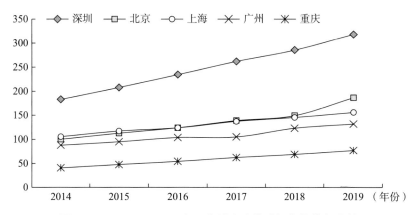

图 10-21　2014～2019 年五大城市动能升级指数横向比较

同年度北京市动能升级指数的1.7倍。北京市动能升级指数在2014～2018年保持平稳增长，与上海市动能升级指数不相上下，但在2019年实现突破，达到186.68，超越上海，位居五大城市第二。2014～2019年，上海市、广州市和重庆市的动能升级指数始终保持稳中有进的增长态势。

2014～2019年五大城市动能升级指数的增长量按深圳、北京、上海、广州、重庆的顺序依次递减（见图10－22）。深圳市的动能升级指数增长量居于五大城市首位，达到135.21，年均增长率达到11.7%。2014～2019年，北京市动能升级指数增长量为86.68，高于上海市的50.18。北京市每年的动能升级指数增长率都高于上海，表明2014～2019年北京市动能升级效果优于上海。广州市动能升级指数增长量为44.04，与上海市相差不大；重庆市动能升级指数增长最少，但其每年的动能升级指数增长率较高，具有非常大的升级空间（见表10－3）。

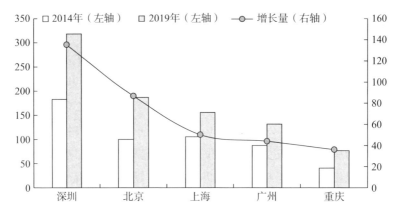

图10－22　五大城市动能升级指数2014年与2019年增长变动对比

表10－3　2015～2019年五大城市动能升级指数增长率变化

单位：%

城市	2015年	2016年	2017年	2018年	2019年
深圳	13.60	12.78	11.70	8.97	11.51
北京	12.58	10.08	11.95	7.48	25.19
上海	11.07	5.70	10.74	5.97	7.09
广州	8.26	9.21	1.24	17.25	7.06

续表

城市	2015 年	2016 年	2017 年	2018 年	2019 年
重庆	17.18	13.74	14.83	10.36	11.76

资料来源：依据财经指数模型数据计算。

动能升级指数由战略新兴产业增加值、高技术制造业工业总产值、现代服务业产业增加值和新增发明专利授权数这四个三级指标加权构成。对动能升级的三级指标进行分析比较可知，北京市动能升级指数在 2019 年实现快速增长得益于战略新兴产业的高速发展，深圳市动能升级指数一直居于五大城市之首，是由于深圳市的战略新兴产业增加值和高技术制造业工业总产值远远领先于其他城市。

（一）战略新兴产业增加值逐年上升且北京增幅最为明显

从战略新兴产业增加值测评值来看，五大城市的战略新兴产业增加值测评值均呈现上升趋势，但上升幅度略有不同（见图 10 - 23）。深圳市战略新兴产业增加值测评值连续五年位列第一，并大多保持快速增长，这表现出深圳市战略新兴产业的绝对优势；2014 ~ 2018 年，上海战略新兴产业增加值测评值一直略高于北京，但在 2019 年，北京市战略新兴产业增加值测评值突然增长至 245.98，同比增长率达到 71.77%，比上海市战略新兴产业增加值测评值多 66.49，与上海市战略新兴产业发展拉开差距；广州市战略

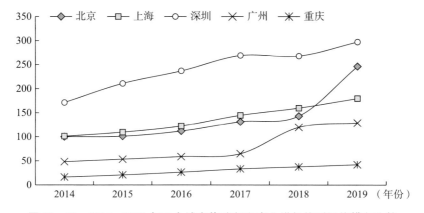

图 10 - 23 2014 ~ 2019 年五大城市战略新兴产业增加值测评值横向比较

新兴产业增加值测评值在 2014～2017 年保持平稳增长，增长速度在 2018 年加快，又在 2019 年回落；重庆市战略新兴产业增加值测评值在 2014～2019 年始终保持平稳增长。

北京市 2019 年战略新兴产业增加值测评值较 2014 年增长量为 145.98，为五大城市之首，超过位居第二的深圳的增长量 125.82。广州、上海在 2014～2019 年的增长量相较北京、深圳有所下降，分别为 80.41 和 78.43，重庆市战略新兴产业增加值测评值的增长量最小，仅为 25.70（见图 10 - 24）。北京市战略新兴产业增加值测评值在 2019 年的大幅增加，是其动能升级指数快速增长的主要原因，表明北京市在不断推进战略新兴产业的发展，以期培育北京市经济发展新动能，获取未来竞争新优势。

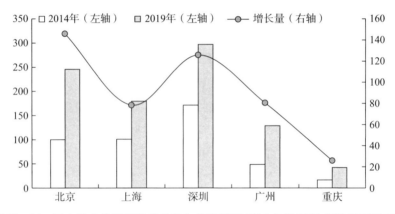

图 10 - 24　五大城市战略新兴产业增加值测评值 2014 年与 2019 年增长变动对比

（二）高技术制造业工业总产值总体平稳增长

从高技术制造业工业总产值测评值来看，深圳市 2014～2019 年的高技术制造业工业总产值测评值始终遥遥领先其他城市，并且与其他城市的差距在不断拉大（见图 10 - 25）。广州市和上海市的高技术制造业工业总产值测评值始终保持缓慢增长趋势，广州市测评值略高于上海市。2014 年重庆市和北京市高技术制造业工业总产值测评值十分接近，但在之后的五年中，由于重庆市重视高技术制造业的发展，其高技术制造业工业总产值测评值逐步赶超北京市，并与北京市拉开差距。

2019 年深圳市高技术制造业工业总产值测评值为 707.16，比 2014 年增长

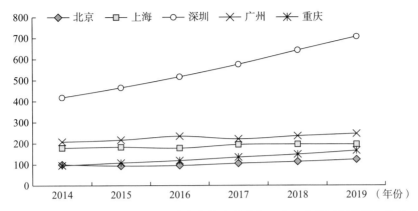

图 10 - 25 2014 ~ 2019 年五大城市高技术制造业工业总产值测评值横向比较

68.88%（依据图 10 - 26 计算）。广州、上海和北京的高技术制造业工业总产值测评值五年中始终保持缓慢增长趋势，增长率分别为 18.44%、9.53%、24.36%。2014 ~ 2019 年，重庆市高技术制造业工业总产值测评值增长率达到72.43%。深圳市高技术制造业已具备规模，且高新技术行业较为集中，是深圳市四大支柱产业之一，这是深圳市动能升级指数位列五大城市之首的主要原因。2019 年深圳市高技术制造业工业总产值为 26277.98 亿元，约为北京市高技术制造业工业总产值的 5.7 倍。北京市高技术制造业工业总产值不仅远低于深圳市，与其他城市相比也有较大差距，这表明北京市应该加速高技术制造业的发展，不断补足短板，优化产业结构。

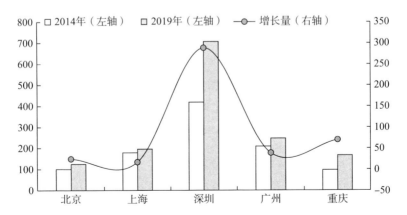

图 10 - 26 五大城市高技术制造业工业总产值测评值 2014 年与 2019 年增长变动对比

（三）现代服务业产业增加值稳步增长

从现代服务业产业增加值测评值来看，北京市现代服务业发展迅速，现代服务业产业增加值测评值在 2014~2019 年一直位列第一，且增长速度在不断加快（见图 10-27）。上海市现代服务业增加值的增长趋势与北京市大致相同，在 2014~2019 年始终保持快速增长，但与北京相比仍然有一定差距。除 2015 年外，深圳市的现代服务业产业增加值测评值均略高于广州市，但二者差距较小。重庆市现代服务业产业增加值测评值虽一直处于五大城市末位，但始终保持稳中有进的发展态势。

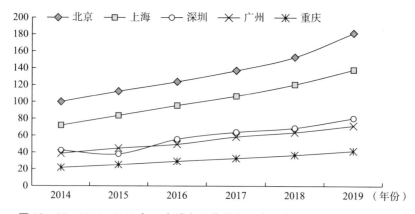

图 10-27　2014~2019 年五大城市现代服务业产业增加值测评值横向比较

2014~2019 年，北京市现代服务业产业增加值测评值的增长量最大，达到 81.5；上海、深圳、广州和重庆的增长量依次下降，分别为 66.11、38.19、32.93 和 20.06（见图 10-28）。北京现代服务业产业增加值测评值五年间增长 81.5%，其现代服务业的快速发展，也是其动能升级的重要内容，表明北京市现代服务业的服务主体在不断扩大，新动能引领作用增强，不断释放新的活力。

（四）新增发明专利授权数显著增加

从新增发明专利授权数测评值来看，北京市的新增发明专利授权数测评值一直居于五大城市首位，并且与其他城市的差距在不断扩大（见图 10-29），这也是北京市后来居上，在动能升级指数排名中上升为第二名的原因

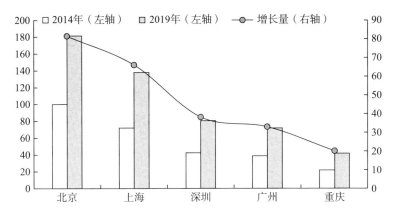

图 10－28　五大城市现代服务业产业增加值测评值 2014 年与 2019 年增长变动对比

（见图 10－29）。北京新增发明专利授权数测评值的增长速度在 2014～2018 年逐渐放缓，在 2019 年又重新恢复快速增长趋势。深圳市和上海市的新增发明专利授权数测评值在五年中不相上下，上海市新增发明专利授权数测评值在 2015～2018 年大于深圳市，但 2019 年被深圳市反超，重新回到第三名的位置。广州市和重庆市一直处于第四名和第五名的位置，并保持总体平稳、稳中有进的发展态势，每年的新增发明专利授权数测评值都保持上升。

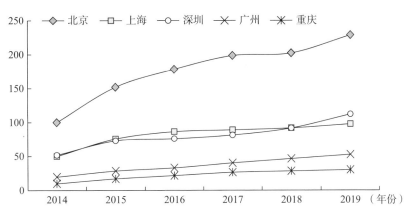

图 10－29　2014～2019 年五大城市新增发明专利授权数测评值横向比较

北京市新增发明专利授权数测评值在五年间的增长量最大，达到 128.63，与其他四个城市拉开差距。2019 年北京市新增发明专利授权数为 53127 件，是居于第二位的深圳新增发明专利授权数的 2 倍多。2014～2019 年，深圳、上海、广州、重庆的新增发明专利授权数测评值的增长量依次减少，分别为60.3、47.71、32.84和20.14（见图10-30）。北京市新增发明专利授权数的快速增长，表明北京市重视科技创新，以创新驱动发展，以科技带动整体产业升级。

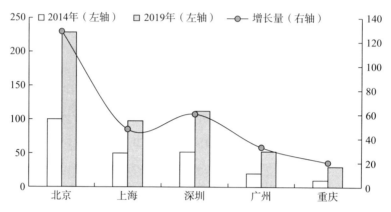

图10-30 五大城市新增发明专利授权数测评值2014年与2019年增长变动对比

四 北京对外开放指数仍有提升空间

2014～2019年，上海市、北京市、广州市对外开放指数表现出缓慢上升的趋势，深圳市和重庆市的对外开放指数表现出缓慢下降的趋势。五大城市中深圳市对外开放程度最高，2014～2019年深圳市对外开放指数虽略有下降，但始终高于其他四个城市。上海市对外开放指数排在第二位，且

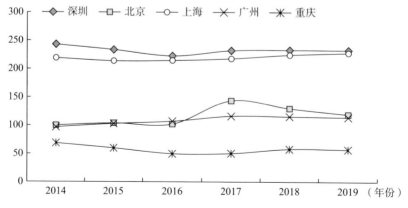

图10-31 2014～2019年五大城市对外开放指数横向比较

与深圳市对外开放指数差距很小，在 2019 年仅相差 4.74。北京市和广州市对外开放指数较为接近，同属于第二梯队，北京市对外开放指数在 2016 年被广州市赶超，从而下降至第四位，但在 2017 年又反超回来，重新回到第三位。广州市对外开放指数在五年中实现缓慢增长，在 2019 年排在第四位，但与北京仅相差 4.96。重庆市对外开放指数属于第三梯队，五年中始终排在最末位，并且相较 2014 年，2019 年重庆市对外开放指数不增反降。

2014～2019 年五大城市对外开放指数增长量相差较大，北京市、广州市、上海市对外开放指数实现正增长，深圳市和重庆市对外开放指数实现负增长（见图 10－32），且在 2014～2019 年，每个城市都出现过对外开放指数负增长的情况，这表明五大城市的对外开放情况并不乐观。北京市对外开放指数增长幅度最大，居于五大城市首位，增长量达到 19.21，在 2017 年，北京市对外开放指数比上年增长 40.63%，这是五年内各城市对外开放指数增长率达到的最高水平（见表 10－4）。广州市的增长量紧随其后，增长量达到 17.49。上海市的对外开放指数稳中有增，增长量为 9.10。深圳市和重庆市的对外开放指数增长量为负值，分别为－9.98 和－11.36，表明这两个城市的对外开放程度有所下降。

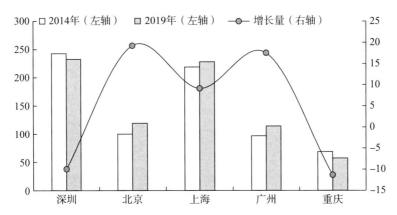

图 10－32　五大城市对外开放指数 2014 年与 2019 年增长变动对比

表 10－4　2015～2019 年五大城市对外开放指数增长率变化

单位：%

城市	2015 年	2016 年	2017 年	2018 年	2019 年
深圳	－ 3.83	－ 4.69	4.26	0.48	－ 0.14

城市	2015 年	2016 年	2017 年	2018 年	2019 年
上海	- 2. 39	0. 35	1. 55	2. 98	1. 60
北京	3. 79	- 1. 61	40. 63	- 9. 61	- 8. 17
广州	6. 25	4. 15	8. 47	- 0. 65	- 0. 99
重庆	- 12. 91	- 16. 73	1. 27	15. 53	- 1. 67

资料来源：依据财经指数模型数据计算。

对外开放指数由 FDI 规模、出口规模、进出口规模/GDP、入境人数四个三级指标构成。深圳市对外开放指数位居前列主要是由于深圳市庞大的进出口规模和入境人数；上海市对外开放指数排名第二主要是由于上海市拥有庞大的 FDI 规模，同时进出口规模也远高于其他三个城市。北京市对外开放二级指标在 2017 年突然增大，主要是由于 FDI 猛然增加。

（一）FDI 规模总体平稳但北京出现大幅度波动

从 FDI 规模测评值来看，上海、深圳、广州的 FDI 规模较为平稳，北京市的 FDI 规模波动较大，重庆市的 FDI 规模略有下降（见图 10－33）。上海市 FDI 规模测评值在 2014～2019 年一直较为平稳，除 2017 年、2018 年外，一直位于五大城市首位；北京市 FDI 规模测评值变化十分剧烈，在 2015 年实现较大幅度增长，在 2016 年基本保持不变，在 2017 年实现倍数增长，又在 2018 年回落，在 2019 年下降至第二名的水平，这说明北京市的 FDI 规模

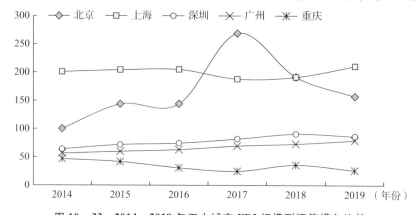

图 10－33　2014～2019 年五大城市 FDI 规模测评值横向比较

缺乏稳定性；深圳市和广州市的 FDI 规模测评值分别排在第三位、第四位，但二者差距很小，并同样保持缓慢的增长趋势；重庆市 FDI 规模测评值排在第五位，并且在五年中有所下降。

2014～2019 年，北京市 FDI 规模测评值的增长量最大，为 57.19，约为广州市增长量的 2.5 倍。广州市 FDI 规模测评值的增长率为 39.88%，深圳市 FDI 规模测评值的增长率为 34.53%，广州和深圳的外商直接投资规模在不断扩大；由于上海市自由贸易试验区的存在，上海市 FDI 规模远远高于其他城市，但是上海市 FDI 规模测评值在 2014～2019 年并没有获得大幅度增加，只是在原有水平上小幅增加（见图 10－34）。重庆市在 2014～2019 年的增长率为 －44.14%，说明重庆市对于 FDI 的吸引力正在下降。北京市 FDI 的大量增长，表明北京市对于 FDI 具有很大的吸引力，且投资大多集中在信息传输、计算机服务和软件业等高技术水平的产业上。

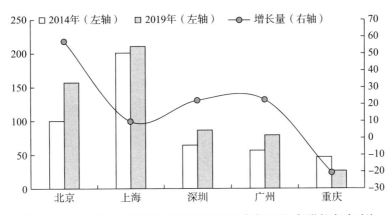

图 10－34　五大城市 FDI 规模测评值 2014 年与 2019 年增长变动对比

（二）出口规模总体保持稳定

从出口规模测评值来看，深圳和上海属于第一梯队，广州、北京和重庆出口规模远远小于深圳和上海，属于第二梯队（见图 10－35）。深圳市出口规模一直位于五大城市之首，2016 年深圳市出口规模测评值最小，为 409.47，2014 年深圳市出口规模测评值最大，为 456.15；上海市出口规模仅次于深圳市，在五个城市中排名第二，2016 年上海市出口规模测评值最小，为 318.12，2019 年上海市出口规模测评值最大，为 358.30。广州、北京和重庆的出口规模十分相近，且与深圳、上海有较大差距。广州市出口规模测评值略高于重庆和北京，一直排名第三位；北京在 2014 年和 2015 年的出口规模测评值最小，位于五大城市末位，但在 2016 年赶超重庆市，并保持稳中有进的发展态势，逐渐与重庆市的出口规模拉开差距。

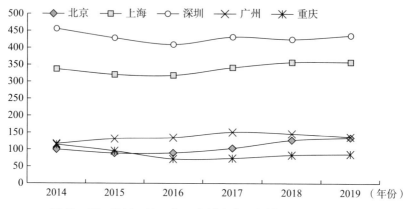

图 10 - 35　2014～2019 年五大城市出口规模测评值横向比较

虽然 2014～2015 年北京市出口规模测评值较低，但 2014～2019 年北京市出口规模测评值的增长量是五个城市中最高的。上海市和广州市出口规模在五年中增长幅度较小，增长量分别为 21.15、20.64；深圳市和重庆市出口规模在 2014～2019 年有所下降，其中深圳市出口规模测评值下降 19.82，重庆市出口规模测评值下降 27.93（见图 10 - 36）。综合来看，2014～2019年，五大城市的出口规模变动较小，国际贸易情况较为稳定。

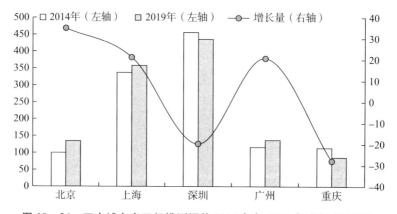

图 10 - 36　五大城市出口规模测评值 2014 年与 2019 年增长变动对比

（三）进出口规模/GDP 有所下降

2014～2019 年，五大城市进出口规模/GDP 测评值总体上表现出下降趋势（见图 10－37），说明近年外部需求在我国经济增长过程中发挥的作用减弱，消费需求及投资需求是拉动生产力发展的主要动力。在五大城市中，深圳和上海主要发展外向型经济，其进出口规模在 GDP 中所占的比重较高，分别排在第一名和第二名。深圳市进出口规模在 GDP 中所占的比重是逐年下降的，在 2015 年、2016 年下降的速度很快，在之后年份稍微放缓。上海市和北京市进出口规模/GDP 测评值的变化趋势十分相似，在 2015 年、2016 年有所下降，在 2017～2018 年略有回升，后来又继续下降。但相较于上海市来说，北京的进出口规模/GDP 变化更为剧烈。2014 年，广州市和重庆市进出口规模在 GDP 中所占比重十分相近，但在之后年份，重庆市进出口规模占 GDP 比重的下降幅度更大，广州相对更为平缓。

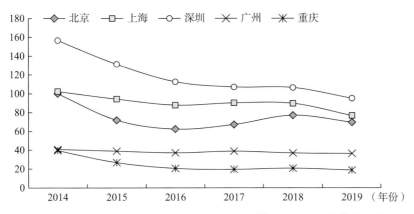

图 10－37 2014～2019 年五大城市进出口规模/GDP 测评值横向比较

相较 2014 年，2019 年五大城市的进出口规模在 GDP 中所占比重都有不同程度的下降，其中深圳下降最多，进出口规模/GDP 测评值下降 61.54；广州下降最少，测评值下降 4.45（见图 10－38）。五大城市进出口规模在 GDP 中所占比重的下降，并不是由于其进出口规模缩小，而是由于其生产总值的提高在更大程度上依赖于投资增加和消费升级。

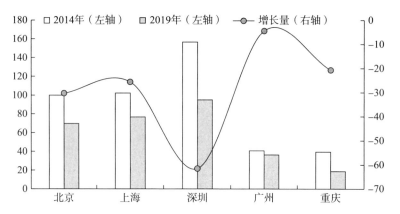

图 10 - 38　五大城市进出口规模/GDP 测评值 2014 年与 2019 年增长变动对比

（四）入境人数总体略有增长但北京有所下降

从入境人数测评值来看，除北京入境人数测评值有所下降，其他城市入境人数测评值均呈上升趋势（见图 10 - 39）。深圳市入境人数测评值在五大城市中排名首位，并且在 2014～2019 年保持平稳趋势，实现小幅度的增长。广州市和上海市的入境人数变化基本上趋于一致，只是在 2017 年，广州市入境人数测评值略高于上海市，两者的入境人数在 2014～2019 年实现平稳增长，说明深圳、广州、上海等沿海城市具有对外国游客的强大吸引力，并且这种吸引力较为持续。重庆市的入境人数测评值在 2014～2019 年有所增加，入境人数测评值由 61.70 增长至 98.53，这可能得益于近年重庆

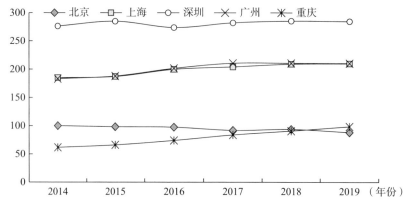

图 10 - 39　2014～2019 年五大城市入境人数测评值横向比较

市旅游业的快速发展。五个城市中，只有北京市的入境人数测评值在 2014 ～2019 年是下降的，入境人数测评值由 100 下降至 88.16，说明北京市对于外国游客的吸引力在近年有所减弱。

上海、广州、深圳和重庆的入境人数测评值在 2014 ～2019 年有所上升，其中重庆市上升最多，入境人数测评值的增长量达到 36.83；广州市次之，入境人数测评值的增长量为 27.16；上海市入境人数测评值的增长量排名第三，为 24.78；深圳市入境人数测评值的增长量排名第四，为 8.13；只有北京市的入境人数在 2014 ～2019 年是下降的，2019 年的入境人数测评值比 2014 年入境人数测评值下降 11.84（见图 10 － 40）。

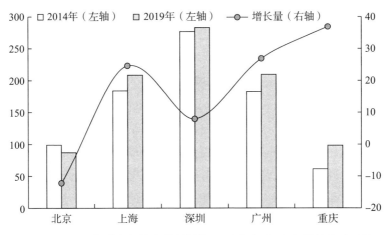

图 10 － 40　五大城市入境人数测评值 2014 年与 2019 年增长变动对比

五　北京优势识别

经济成效指数一定程度上反映出城市的经济产出情况，本章对比分析北京、上海、广州、深圳和重庆的经济成效指数，以探究在财政和金融的协同支持下北京市快速发展的经济原因，总结北京市在经济发展过程中的优势与经验。北京市经济成效指数在 2014 ～2019 年稳定增长，经济成效指数排名由第四位上升到第三位，表明北京市经济运转良好，具有高数量和高质量的经济产出。在四个二级指标中，北京市的经济成效优势主要体现在增长数量和动能升级方面。2014 ～2019 年，北京市增长数量指数持续增加，尤其体现在高额的生产总值、快速发展的第三产业和不断提高的人均生产总值。北京市在深化供给侧结构性改革、推动产业转型升级方面表现突出，动能升级指数出现明显增长，而这主要得益于战略新兴产业的快速发展。北京市高度重视新能源、新材料、物联网等新兴产业，同时强调科技创新在经济可持续发展中发挥的作用。除此之外，北京市PM2.5年均浓度测评值在2014～2019年出现明显下降，北京市的空气质量和生态环境得到大幅度改善，表明北京市积极践行可持续发展战略，生态文明建设卓有成效，居民生活水平得到进一步提高。

北京市全面对标经济高质量发展要求，人均可支配收入持续上涨，PM2.5年均浓度明显下降，居民生活水平和生态环境质量明显提升。北京市为了推动经济发展质量的提高，扎实推进疏功能、稳增长、促改革、调结构、惠民生、防风险各项工作。其增长质量指数在2014～2019年增长较快，增长率高达55.75%，位居5个城市第二。北京的人均可支配收入匀速持续上涨，在5个城市中仅次于上海市，居民生活水平较高；同时，全员劳动生产率逐年稳定增长，北京企业生产技术水平、职工技术熟练程度和劳动积极性提高，能够以更高的效率创造出更大的产值，使北京经济得以更快更好发展。另外，在生产方面，北京单位GDP能耗较低，产业生产的能源使用效率较高，可以以较低的能耗获得较高的生产，既提高了发展质量又减少了能源消耗和污染排放。北京增长质量提高最重要的一个原因则来自PM2.5年均浓度的明显下降，5年来降低率达到51.11%。经过2014～2019年的整治手段，北京通过增加环境保护资金投入、推动第二产业迁移升级、取缔高排放高污染产业等，其生态环境质量明显提升，增长质量也随之快速提高。

北京市动能升级成效显著，高质量发展稳步推进，新增发明专利授权数量一直位列全国首位，战略新兴产业增加值在2019年位居五大城市第二。北京市动能升级指数在2014年和2015年排名第三位，在2016～2019年排名第二位，战略新兴产业增加值测评值的增加是其动能升级指数快速增长的主要原因。其战略新兴产业在2019年实现快速发展，战略新兴产业增加值测评值在2019年排名第二，战略新兴产业的发展取得重大突破，表明北京市积极落实供给侧结构性改革，北京市经济已逐步由高速增长阶段转向高质量发展阶段。北京的现代服务业产业增加值一直位列五大城市之首，第三产业占比在80%以上，其现代服务产业的发展也十分迅速，服务主体不断扩大，新动能引领作用不断增强，从而释放出新的生机活力；北京市新增发明专利授权数测评值位列五大城市首位，并且与其他城市保持较大差距，反映出北京市国家智库的地位，表明北京市创新科技成果丰硕，积极践行创新驱动发展战略，以科技带动产业整体升级。

　　北京市经济运行总体平稳，经济规模不断扩大，第三产业发展水平居于全国首列。北京市增长数量指数在2014～2016年排名第三位，2017年起升至第二位，且与第一名深圳的差距逐年缩小。经济快速发展的动力来自生产总值、第三产业占比以及人均GDP的促进作用，北京的生产总值较高，每年增长幅度名列前茅，主要缘于近几年北京服务业开创了新技术新模式、科技创新集聚经济快速发展。第三产业发展水平也居于全国前列，远远领先于其他城市，金融、信息服务、科技服务等优势产业持续发挥带动作用，高技术服务业和现代服务业快速发展。同时，北京的人均生产总值5年来增速达到59.43%，处于全国第一梯队，居民生活逐年改善，从而刺激消费的增长，推动增长数量指数稳定增加。

参考文献

《北京市财政局 国家税务总局北京市税务局转发财政部 税务总局关于实施小微企业普惠性税收减免政策的通知》，2019 年 1 月 30 日。

财政部、国家税务总局：《关于实施小微企业普惠性税收减免政策的通知》（财税〔2019〕13 号），2019 年 1 月 17 日。

陈华、王晓：《培育独角兽企业的金融支持体系建构研究》，《上海企业》2018 年第 7 期。

付文飙、鲍曙光：《经济高质量发展与财政金融支持政策研究新进展》，《学习与探索》2018 年第 7 期。

高培勇、张斌、王宁：《中国公共财政建设报告 2011（地方版）》，社会科学文献出版社，2012。

高培勇、张斌、王宁：《中国公共财政建设报告 2013（地方版）》，社会科学文献出版社，2013。

高培勇、张斌、王宁：《中国公共财政建设报告 2013（全国版）》，社会科学文献出版社，2013。

李闯榕：《全国省域经济综合竞争力评价研究》，《管理世界》2006 年第 5 期。

连玉明：《大数据蓝皮书：中国大数据发展报告 No. 3》，社会科学文献出版社，2019。

连玉明：《大数据蓝皮书：中国大数据发展报告 No. 4》，社会科学文献出版社，2020。

林木西、崔纯：《我国实体经济税费成本现状及财政政策建议》，《地方财政研究》2017 年第 5 期。

刘尚希、孟艳：《"十三五"时期财政金融有效支持实体经济的对策研究》，《经济研究参考》2015 年第 62 期。

刘志彪：《建设实体经济与要素投入协同发展的产业体系》，《天津社会科学》2018 年第 2 期。

倪红日：《"十三五"时期财政支持实体经济的政策建议》，《财政科学》2016 年第 2 期。

邵一静：《北京市及下辖各区经济财政实力与债务研究（2019）》，http：∥www. shxsj. com/page？ template = 8&pageid = 14877&mid = 5&list ype = 1。

辛方坤：《财政分权、财政能力与地方政府公共服务供给》，《宏观经济研究》2014 年第 4 期。

许宪春：《中国政府统计重点领域解读》，清华大学出版社，2019。

许宪春：《中国重点经济领域统计分析》，北京大学出版社，2018。

张林、冉光和、陈丘：《区域金融实力、FDI 溢出与实体经济增长——基于面板门槛模型的研究》，《经济科学》2014 年第 6 期。

张晓涛、李向军：《北京财经发展报告（2017～2018）》，社会科学文献出版社，2018。

张晓涛、李向军：《北京财经发展报告（2019～2020）》，社会科学文献出版社，2019。

中共中央办公厅　国务院办公厅：《关于加强金融服务民营企业的若干意见》，2019 年 2 月 14 日。

中关村科技园区管理委员会、北京市金融工作局、北京市科学技术委员会：《关于印发〈北京市促进金融科技发展规划（2018 年—2022 年）〉的通知》，2018 年 10 月 22 日。

图书在版编目（CIP）数据

北京财经发展报告. 2020~2021：北京财经指数 /
林光彬，李向军，李姗姗著. -- 北京：社会科学文献出
版社，2021.6
ISBN 978 - 7 - 5201 - 8432 - 8

Ⅰ.①北… Ⅱ.①林… ②李… ③李… Ⅲ.①地方财
政 - 研究报告 - 北京 - 2020 - 2021 Ⅳ.①F812.71

中国版本图书馆 CIP 数据核字（2021）第 095269 号

北京财经发展报告（2020~2021）
—— 北京财经指数

著　　者 / 林光彬　李向军　李姗姗

出 版 人 / 王利民
组稿编辑 / 恽　薇
责任编辑 / 颜林柯
文稿编辑 / 汪　涛

出　　版 / 社会科学文献出版社·经济与管理分社 （010）59367226
　　　　　　地址：北京市北三环中路甲29号院华龙大厦　邮编：100029
　　　　　　网址：www.ssap.com.cn
发　　行 / 市场营销中心 （010）59367081　59367083
印　　装 / 三河市尚艺印装有限公司

规　　格 / 开　本：787mm×1092mm　1/16
　　　　　　印　张：16　字　数：253千字
版　　次 / 2021年6月第1版　2021年6月第1次印刷
书　　号 / ISBN 978 - 7 - 5201 - 8432 - 8
定　　价 / 138.00元

本书如有印装质量问题，请与读者服务中心 （010 - 59367028）联系

▲ 版权所有 翻印必究